读客®图书

史玉柱自述：
我的营销心得（剑桥增补版）

史玉柱迄今为止唯一公开著作

史玉柱 口述

优米网 编著

文匯出版社

图书在版编目（CIP）数据

史玉柱自述 / 史玉柱口述 ; 优米网编著. -- 上海 : 文汇出版社, 2017.7

ISBN 978-7-5496-2142-2

Ⅰ. ①史… Ⅱ. ①史… ②优… Ⅲ. ①史玉柱－传记 Ⅳ. ①K825.38

中国版本图书馆CIP数据核字（2017）第151766号

史玉柱自述

作　　者 / 史玉柱口述　优米网编著

责任编辑 / 金　蕴
特邀编辑 / 赵　贺　姜一鸣
封面装帧 / 奚佳音　邵　飞

出版发行 / 文匯出版社
上海市威海路 755 号
（邮政编码 200041）
经　　销 / 全国新华书店
印刷装订 / 三河市龙大印装有限公司
版　　次 / 2017 年 8 月第 1 版
印　　次 / 2017 年 8 月第 1 次印刷
开　　本 / 710mm × 1000mm　1/16
字　　数 / 234 千字
印　　张 / 17.75

ISBN 978-7-5496-2142-2
定　　价 / 52.00 元

目　录

第三章　如何成功管理多元业务的企业?

第四章　我对产品策划和策略的认识

第五章　我对网络游戏策划的体会

第六章　我的经验和教训

第七章　民营企业如何在逆境中成长

第八章　在中国如何做企业

第九章　我对创新和市场竞争的看法

第十章　我的微博记录

自序：能变成销量的营销才是好营销

以前我做营销多半用的是电视广告和报纸等传统媒体。现在新媒体的出现，营销的手段出现了很大的改变，但无论时代如何变化，我认为有几点是不变的：

第一，营销前要彻底了解你的用户的需求。这个需求是心理需求，而不是表面需求，要下一些功夫才能发掘出这个需求来。比如当时脑白金的用户是中老年人，为了完全弄清他们的心理消费需求，我去公园跟他们聊天，结果发现他们想要这个产品，但他们自己舍不得花钱买，他们期待他们的孩子给他们买，这样我打广告的对象就不是他们，而是他们的孩子，我们的广告就要做给愿意花钱的儿女们看，而儿女们也就是回家看望父母时需要给他们买些礼物，所以“送礼就送脑白金”就应运而生。

第二，营销没有土洋之分，达到目的就好。比如说，我们脑白金的广告曾经刷在铁路旁的民房和猪圈墙上，很多人会认为我们很土。其实土也好洋也好，如果可以有效送达到我的顾客就好。很多东西很洋，比如说很多广告创意一流，但基本上成了广告导演探索艺术水平的试验场，无法真正有效地与用户交流，更没办法形成销售的转化。这样的广告，再洋气也起不了作用。

第三，营销活动要用心血浇灌。一个好的营销有几个要命的关节点，这些节点每一个都要做扎实。这几个关节点分别是：与你的用户深入交流，形成抵达你用户的广告作品，有些表达形式很简单，有些要以作品的形式出现；接下来要在你的用户可以看到的时间地点投放，投放时最好小规模试验一下，再大规模进行才会有把握。另外，投放的时间和规模以及各种媒介配合也要有讲究；最后投放完后要复盘，知道有哪些成功的点可以重复用，哪些不可以再用，哪些点改进后效果可以更好，等等。所以说营销是一个需要花心血来做的事情，而不是把钱花出去就行的事情，要有高度的责任心。

第四，营销一把手要把关，有些时候需要亲自参与。因为营销首先关系到产品，产品不过关，营销再好也没用。除此之外，营销如何做直接关系到公司的发展速度和收入规模，只有一把手重视才会把营销这件事情做精做透，才会起到应有的效果。

世界上许多事情都在变，但一件事情要做好，要花精力、花心血这一点是永远也不会变的，这一点是我要特别强调的。

史玉柱

2014年7月2日

第一章

脑白金的广告为何连续打了10年?

· 脑白金如何找到自己的消费者?

· 广告是对消费者大脑的投资

· 广告营销是否需要公司一把手来抓?

· 广告创意为什么不能完全交给广告公司做?

· 如何看待脑白金广告被评为“十差广告”之首?

· 脑白金为何选取卡通人物来做广告?

· 脑白金广告的投放策略是怎样的?

脑白金如何找到自己的消费者?

营销，最核心的是要了解你是销给谁

其实我现在都不知道教科书里面的营销是怎么定义的，我也没有在这个词上面去琢磨过，但是我在营销上考虑的还是比较多的。

营销，我觉得最核心的一个问题，还是要了解你是销给谁。把目标消费群研究透了，路子对了，然后再适当用一些表现手法，说法上用一些技巧，把你的这个想法当面给他；把当面说的那些话，变换一种方式告诉他。

这个定义我一下说不清楚，下面我们谈一些具体的东西。

卖脑白金，要对老头老太太的儿女说

脑白金广告形成的过程是这样的。

在脑白金还没有正式销售，还在试销的时候，有一次我带了几个人去公园实地调研。一些老头老太太在公园亭子里聊天。因为那个城市我们已经在销售脑白金，我就上去找他们搭话。

我问他们对脑白金了不了解，他们说知道脑白金。

有一两个老头老太太说他们是吃过的。大部分人说有兴趣，但是没吃过。后来我就问，为什么不吃呢？他们回答说，买不起。

其实他们的收入是够的，买不起的原因是什么呢？

后来我在聊天过程中发现，中国的老头老太太其实对自己是最抠的，对孙子他们是很大方的。他们的钱存在那儿想养老，如果要花，他们都想花在孙子孙女身上，就是对自己太抠，不舍得自己花钱。

怎么样才能让他们买脑白金呢？

他们就说，除非儿子或者女儿给他们买，他们就愿意吃。

我发现有多半的老人都是这样的。并不是不想吃，其实在等他的儿子或女儿买。

其中有一个买了脑白金的老人就说，他每次吃完了之后，自己舍不得买，想让儿子帮他买，怎么办呢？他就把那个空盒子放在窗台上面，提示他儿子。他儿子有时候看见了就帮他买，没看见的时候十天二十天都不帮他买。

所以根据这种情况，我们就觉得，要卖脑白金，不能跟老头老太太说话，向老头老太太说没有用。要跟他的儿子或者女儿说话。

定位就两个字——送礼

中国的传统，如果给老人送礼就是尽孝道，这又是一个传统美德。所以我们回来就讨论，这个定位必须要对（老头老太太的）儿子女儿说，不要说得太多，就说两个字——“送礼”。所以我们当时市场调研下来得到这样一个结论。

病句是最容易让人记住的

得到这个结论之后，后面就是怎么包装的问题。就是怎么把这个“送礼”对儿子和女儿说出去，让他们能记住。

后来我组织我们的员工，几十个人，每个人都想，搞了好几百个，最后在一个员工的提案基础上改进，改进成现在这个。选了一句容易记忆的。因为这句话“今年过节不收礼，收礼还收脑白金”是病句。

其实病句是最容易让人记住的，因为后面一句话跟前面一句话是矛盾的。

“今年过节不收礼，收礼……”这个“礼”字重复得也比较多，容易记得住。脑白金广告语，就这样确定下来了。

当时也说，这个广告语要打就准备打十年，不能变。

广告最怕变，积累不能丢

广告最怕变，因为你一变，前面的积累就丢了。

所以我们把“今年过节不收礼，收礼还收脑白金”这个广告语确定下来了之后，用了十三四年了，广告语基本上没有什么变化。但是表现形式我们每年会变一下。

现在看，这个广告效果挺好的。

在这个广告打到大概第五年的时候，在消费者脑海里面，一提起“送礼”，他就和“脑白金”不自觉地开始画等号了。

后来，几年之后，我到中安联商场那里面蹲着，看着别人来买。

快过年的时候，一些民工要回家过年，要买东西给家里面人。他们在商场就挑来挑去，最后有人拿起脑白金——他买了脑白金。

我就上去跟他聊天。

他第一句话就说，过年买礼品好像挺难挑的，挑不出一个特别好的。脑白金广告他很烦，但是真的挑起来，好像就它的知名度高一点，然后就不得不买了。

其实这代表了多数消费者的一个心态。

广告是对消费者大脑的投资

广告其实是持续性投资

广告，它其实是一个投资。

它在消费者大脑里面，是对消费者大脑做的一项投资。

如果你广告语老变的话，一年两年就变个广告语，那前面的积累就全丢掉了，前面的投资就等于全浪费了。

我现在新打的广告固然也会对消费者起作用，但是当他去实施购买行为时，你过去的宣传对他所起的作用，比这个礼拜、这一天他看到的广告作用要大很多。

所以**广告是一个积累，最怕的就是打一段时间就换**，尤其是打了半年一年就换掉，这样你前面花的钱基本上就全浪费了。所以广告语能不变尽量不要变。

我们的教训太多了。像以前，我在珠海巨人集团的时候，做过很多产品。因为我这个人不安分，经常想去换广告语。有个更好的，我就要重新再拍，就要把它换掉。后来发现效果不好。

我在珠海的时候就违背了“能不变就不变”这一点。

做广告，定位的准确比广告形式更重要

在珠海的时候，我做广告更注重形式，不太注重对消费者的研究，也就是定位的准确。

像我当时头脑发热的时候，在1994年，我一下上了几十个产品。有药品，有保健品，还有电脑、软件等。

我当时打的广告——计划是一个月，实际上大概两个多礼拜——在两个多礼拜不到20天的时间里，我在全国花了5000万元的广告费。

我带着团队设计了100多幅广告。

那时候是报纸广告为主，我们设计了100多幅。而且那个广告往往是通版的，就是两个版拼在一起。

这个时候我犯了两个错误。

第一个错误就是，广告太多了，花样太多了。

第二，定位错了。

我们当时做的这批广告，叫“三大战役”，或者叫“百亿计划”。

我描述的一个广告就是，一排伟人，比如马克思、爱因斯坦，大家心目中那些伟人，搞了一排，手挽手往前走，然后上面的广告语就搞个“巨人集团”。

其实是想打一个气势，但这个广告是非常失败的，对公司没有任何作用。当时我很沉迷于这些东西，对这种形式很在乎。

最好的广告就是推销产品

最好的广告其实就是推销产品。

你卖形象广告，除非是像保险公司这样的，可能它们需要一些形象广告。其实很多公司是不需要形象广告的。

当时我们的钱全部做形象广告了，产品只是在拐角里面，用很小的字把30多个产品罗列在那个地方。这个广告一点效果没有。当时1994年，5000万元那是很值钱的，那时候5000万元估计比现在的50亿元还值钱。而且1994年的时候，真正能拿出上千万的民营企业，全中国我估计20个都找不到。我们一瞬间就把这个钱给浪费掉了，所以当时交了很多学费。

黄金酒案例

黄金酒不是我做的，当时我已经不管这个公司了。黄金酒是我们团队做的一个项目。

因为这个公司我已经不参加任何决策了，他们出于尊重来找过我，说我们要上个黄金酒你看怎么样，我当时就有两句话，我说我不同意，但是决策权是你们的。最后他们还是上了。

我后来也跟踪了一下。我觉得这个产品选得挺好的。黄金酒就是我们的一个配方、我们的一个生产权，跟五粮液合作生产，用的是五粮液大概市场卖五百八的那种酒，去和基酒做出来的，其实市场价一瓶也就一百多块钱，本来是应该能卖得很好的。但是就犯了个错误，广告语老变，不到两年，就换广告语了。

后来有一次我见了他们，我说过这个问题，他们也发现了这个问题。所以黄金酒的销量，你说大也不大，小也不小，就处于那种情况。我估计这个项目没啥利润。

我觉得它的广告策略是有问题的，除非他们改变这个广告策略，找到一个好的主广告语，坚持打下去。

五粮液案例

像这种很老的品牌，比如说茅台、五粮液这种东西，好像在中国人民心中根深蒂固，那么还需不需要做大规模的广告、大规模的促销呢？我觉得需要。

比如五粮液，如果在一九五几年，你让中国老百姓报最好的五个酒，其实报不出五粮液。虽然五粮液也是排前面的好酒，但是并不是最顶级的，并不是极限品牌。但是你看五粮液现在销量就很大，这就跟它后面持续的宣传有关。

有的以前排名比较靠前的酒，现在销量连它的一个尾数都不到。像过去的八大名酒、十六大名酒，有很多销量挺惨淡的，你说品质比五粮液差吗？不见得。至少都差不多吧，都是中国的八大名酒，但是很多销量都不行。我觉得这些也是需要广告的。

只不过这些产品，它们是传统的老品牌，是传统。所以它如果做广告，可能和这些新上市的产品不一样，它的宣传要走另外的套路。我看过五粮液的一个长篇的广告，一个一分钟的广告，以前在中央电视台下午四点半播的，我觉得它那个挺好的，看完之后对五粮液的品质、产品的质量，还是相信的。那个广告是选中了五粮液的质量这点进行主打。

广告营销是否需要公司一把手来抓?

广告是绝大部分企业的命脉

广告要不要一把手亲自定、亲自抓，我觉得要看哪一类产品。比如像我们做网络游戏，这块的广告营销我就不管它。

因为网络游戏是研发驱动型的，主要是靠研发。

如果能研发出好产品，这个产品玩家就多，公司就有利润。这种就是研发驱动型的。

但如果公司是营销驱动型的，我觉得广告就是公司最重要的一项工作，就必须一把手抓。所以我在管保健品这个业务的时候，公司很多时候管理我是不管的，我只抓广告。

我觉得广告是公司的一个命脉，我就只抓这一项，这一项抓好了，其他的交给团队做，做得也还挺好的。这就叫作“纲举目张”。

只要这个“纲”正确了、“纲”成功了，其他的都好办。

像网络游戏就不一样了，网络游戏这块我就自己抓研发。

当时我管网络游戏的时候，广告我就没管，因为它不需要怎么做广告。

中国现在大部分的企业，都在做面向消费者的产品，其实绝大部分企业都是营销驱动型的，或者应该说90%以上的企业都是营销驱动型的。

好产品中国是挺多的，中国自己也能研发出好产品，研发不出来到国外学也能学得到。技术方面中国不差的，好产品能研发出来，能制造出来。

但是很多企业最后没有做好，问题出在营销上面。

所以我觉得，**对于九成以上的消费品类的企业，它的命脉就在营销上面，营销的命脉又在广告上面。**

广告创意为什么不能完全交给广告公司做?

广告创意要由最了解产品的人来做

很多公司在做广告的时候，是交给广告公司，而广告公司是以表现他们的技能为第一要义，至少有相当的这种成分。

其实我们早期的时候，我也迷信过广告公司，也交给广告公司拍过一些广告。

我一看他那个广告，整个就是在卖弄技能、卖弄表演。导演卖弄，写脚本的也在那儿卖弄，最后搞文案的也在那卖弄，都卖弄完了其实对你公司没啥用。

广告公司其实就承担一个任务：把你的创意忠实地实现出来，用最好、最佳的方式把它实现出来。

如果你让广告公司去搞创意，十个里面我觉得有十个要瞎。因为**做广告，一定是对自己的产品最了解的人，对你的消费者体会最深刻的人，才能做好。**

你得体会到、了解到更多东西，很多你是用语言表达不出来的，比如消费者那些微妙的习惯，他的文化，他的想法，他的反应，等等。

所以这些你让一个外行——不是你公司的人，一个广告公司的人去帮你创意，帮你想如何去推销，基本上都会瞎。

所以，一定得是本公司最了解产品、最了解消费者的人，他们来提出创意。他们的创意往往是靠谱的。

找广告公司，我觉得基本都是瞎的。

但我们也和广告公司合作。

比如广告语我把它定下来了，你去帮我拍出来。当然他们可能有时候也会对我们一些个别的字、标点符号改一改。

广告的创意是我做，基本的文案也是我做，拍摄画面不是我，我不管。

因为我不懂画面，这个我外行。

如何看待脑白金广告被评为“十差广告”之首？

“最佳”广告，第二年就死掉；“最差”广告，10年后还活着

本来是卖产品的公司，有时候却很热衷于做形象广告。我们天天看到，很多广告演了半天都不知道是卖什么的。

为什么总有人热衷于这种广告，其实我也搞不清楚。我觉得这种广告是没有效果的。但这种广告有一个好处是特别容易获奖。中国评了15年的十佳广告，每年获奖的十佳基本上都是那种不知道它是卖什么的广告。只不过有一个问题就是，第二年再评奖的时候，这个广告就不在了，因为这个广告没有效果，或者公司破产了。

当年的“十差广告”，从15年前脑白金就排在前十差里面，到今天还是。包括哈药集团的广告，还有几个企业其实也是这样，年年评最差广告，但是年年就是那几个老面孔，10年了还是那几个，因为它们还活着。

“送礼”=“脑白金”，广告规定了消费方式

其实“送礼”是一个购买方式，脑白金这个产品，最终还是要靠老头老太太，也就是老年人把它消耗掉。

送礼只是一种方式。

但根据我们的统计，脑白金的消费差不多七成左右其实还是通过“送礼”，也就是，老年人吃脑白金、对脑白金的消费，七成左右是子女或者其他人送的，主要是靠子女送的。只有不到30%是自己买的。基本上是这样一个比例。

脑白金广告被评为最差，是因为大家对广告印象深刻，播放频次很高

我们脑白金广告被评为“十差广告”第一名，开始的时候会有点受影响，有点动摇我们的决心。

十几年前的时候，第一次得到这个消息时我们还有人挺郁闷的，说我们凭什么评十差呢?

我们广告拍得也挺美，效果也很好，为什么评十差呢?第一年还有这种想法。后面每年都是这样。大部分时间我们被评为十差广告之首，后来有一次评了个第二名，也就是十差的第二名，我们下面还挺郁闷的。

为什么呢?

这个广告它为什么会被评为差，主要是由于两个方面。有两个因素导致了“差”。

第一，你的广告让他们记住了，就是你广告拍得好。

第二，你播的频次高。印象又深刻，频次又高，在消费者脑海里面就留下烙印了。

凡是在消费者脑海里留下烙印的，最后要评十差广告的时候，不管你拍得多美，他一定评你是十差广告，最差的。

理由是这样的，观众正在看着一个连续剧的时候，你突然来一个广告，你说他能喜欢吗？所以他内心里肯定是抵制的，没有谁搬个凳子在电视机前等着看广告。

其实大家对广告，内心都是抵制的，是被迫的。

所以哪个广告在他脑海里印象深刻，刻痕刻得很深，他一定评你最差。

十佳广告不一样，十佳是专家评的。

脑白金为何选取卡通人物来做广告？

广告语一直没变，表现形式变一变

其实早期我们搞了不同的版本，也用过姜昆跟大山，也用过其他一些人物，最后用的那个卡通版老头老太太是误打误撞。因为我们开始的时候都是用真人拍的。

我们最早的时候，大概15年前，有个广告才花了5万块钱，因为连胶片都没用，就用数码机拍的，但效果特别好。这个老头是找的一个话剧演员，还有一个60多岁的老太太。那个话剧演员面部表情很夸张，就是“今年过节不收礼，收礼还收脑白金”，最后说“收礼还收脑白金”的时候，他跑过来一下子把脑白金抢过去，抱在怀里还扭两下。就是让人感觉特别不舒服。

那个广告效果特别好，比后来拍的、现在播的这个效果还好。但是我们还是要考虑到社会影响的问题。

当时我们先在苏州试播，播了一段时间，很多人写信给苏州电视台，希望他们停播这个广告。

还有的老板说，他付了你多少钱播这个广告，我付你多少钱你别播了。

那个广告播了之后，销量呼呼往上走。就是美誉度很差，但是销量确实好。

后来我们考虑到社会美誉度的问题，就拍了个稍微美一点的，请了姜昆和大山拍了一个，效果比那个就差了一些。

卡通版广告效果很好，就一直不变

为什么我说是误打误撞呢？就在这个时候，发生了这么件事。

那时这个广告播的频次太高了，从中央电视台到地方台，一直到县里面的台，哪个台都逃不掉，哪个台都在播。播得太多了，工商局就管了。

工商局把所有的针对我们广告的法规全罗列出来。其实我们直接违反的一条也没有，但有涉嫌的，一下子涉嫌违法30多条。比如有一条法规是，消费者形象不可以做广告，他说这个人涉嫌是你潜在的消费者；另外说这个人普通话不标准，违反了“不用普通话不允许播广告”的规定；又说那个人鼻子有点大，有点涉嫌违反“外国人形象不可以做广告”的规定。

最后一下子搞出30多条，我们得出一个结论就是，只要是人就不能做广告。怎么办？后来我说，那我们搞一个卡通形象的，他们说那可以，我们就拍了个卡通的。

后来这个卡通版的，播出后效果也还行，就一直是它，不变了。

因为我们播的量太大了。中国很多法规是模糊的、灰色的，套到你身上你是跑不掉的。你播的量大了引起他注意了，他就把所有的法规都给你往上套，你就跑不掉。

其他的一般不会那么严，比如像黄金搭档销量没脑白金销量那么大，他就不这么套你。就算广告里面普通话不标准也不算违法。

脑白金当时量太大，就特别严格。

脑白金广告的投放策略是怎样的?

广告播放，要研究怎样给消费者留下深刻印象

广告播放的量我觉得是这样的，该大的时候一定要充分大，能大到多少就大到多少。

我的做法是，非旺季的时候就别播，把钱都省出来，要播就象征性蜻蜓点水点一下，把这个钱都省到旺季时候集中打。

比如昨天没播，昨天所有的台都没播，你不会说怎么没有脑白金广告，你不会每个台去找这个广告。然后今天所有的台都能看到我的广告，你会说我的广告量很大，你对这个印象很深刻。

不需要的时候别播，需要的时候集中猛砸。这是第一个。

第二个，条件允许的时候，隔天播。今天是零，把今天的全部集中到第二天去。明天就会每个台都是我的广告。

总之就是要研究一下，怎么样给消费者留下深刻的印象。

要播广告，至少坚持一年

有没有广告营销做得不当，最后破产的？

广告做的量很大，最后不行了，这种企业有，但是你仔细去找其实不是特别多。

倒掉最多的是什么企业？

我先说一个原理，就是广告你要做的时候，比如电视广告，有很多企业就说我就做1个月、3个月的广告预算，做完之后我就不做了，其实这种做法是最浪费钱的。

电视广告要在消费者脑海里形成印象，需要很长时间，需要持续。广告要么就别播，你要播最起码有1年以上的计划。

如果你播得少，这个钱就浪费掉了，就相当于你刚刚预热一下，预热了3个月、6个月，你把火给撤了，你的水就永远开不了了，你前面烧的火白烧了。

这种做法把中小企业搞死的，其实挺多的。他们就想：我就打3个月广告，去赌一把，赌完不管它成功不成功，3个月之后我就撤了。

而大的企业，除非那个老板神经有毛病，一般来讲他如果打的时间很长，广告投入很大，他应该能判断出这个广告有没有效。

如果有效，就持续播。

一般企业不会因为持续播广告，播的年头多了而破产。

广告播放频率搞“脉冲”

脑白金这个产品是有旺季的，比如春节，就是大家都要回家送礼的时候。

还有一些产品，它不分旺季淡季，常年都在销，那这一年的广告应该怎样分布？

这种得搞脉冲。

比如刚开始导入市场的时候，前3个月甚至前6个月我可以密集地播。到后面，我可以隔月播。

这个月播，下个月停掉一个月，再下个月再播。

如果预算还不够的话，那播的这个月我隔天播，只不过播的那天力度要大。每天播是一个方案，再一个方案是隔天播。

隔天播的费用比每天播费用少50%，但它的效果下降得远远不到50%，效果只是略微下降。不是说我的费用减少50%，效果也减少50%，效果只是略微下降一点。

我觉得可以用我前面说的方式，既能让消费者加深它的印象，然后又可以少花钱。

大部分消费品都有季节性

像脑白金一年我搞两次脉冲，常年销售的产品就用我说的这种方式，搞月度脉冲。

一般来讲，为了省钱不建议一年四季全都那么播。

或者用季度式的脉冲，就是说这个季度播，下个季度不播，再下个季度再播。也可以用月度脉冲。

但其实绝大部分中国消费品，2/3以上的消费品，都多少带着季节性，这样的话你就尽量地在你销售旺季的前几个月开始去播它。

销售旺季集中播放广告

脑白金的旺季，一个中秋，一个春节。

只要是子女回家回得比较多的，就是我们的旺季。

因为现在子女跟父母住在一起的毕竟不是多数，大部分人春节都要回家看看爸爸妈妈，看看丈母娘，这时候是我们的最旺季。

光一个春节，一个多礼拜10天左右，销量能占我们全年销量的50%。所以这时候我们的广告会非常集中，会很烦人。

中秋节一过你又找不到我们的广告了。

所以我们的广告虽然给人感觉很多，但其实我们花的钱、花的广告费并不多，总量前五十都排不到。我们总量不算大。

第二章

如何做出最有效的广告?

· 怎样选择广告投放的媒体?

· 如何降低广告费成本?

· 广告广泛传播前要经过检验

· 明星效应对广告效果的作用有多大?

怎样选择广告投放的媒体？

搞清楚消费者都看哪些电视台

我们每年的广告费上亿，这上亿的广告费花费在什么渠道？这个是很复杂的，不同的产品就不一样。

比如现在我们在中央电视台，相对来说做得比较多一点。为什么在中央电视台做得相对多呢？因为中央电视台的覆盖面广，我们调研过，**在乡镇一级，中央电视台占据绝对优势**。城市里面现在不太看中央电视台，尤其到广东，比如广州，几乎就没人看中央电视台。但是你要到镇一级村一级地区，他们平时电视开着，往往就是在看中央电视台。

我们的产品是全国性的，而且它的消费是以三线城市为主的，小城市、县城和镇这一级市场为主的。所以在这种情况下，中央电视台就是我们主要的渠道。

所以我们现在采用的方式就是，中央电视台为主；然后富裕地区，在市台和县台做；其他多数地区，就在社会上流动总额稍微偏大的省台给予补充。我们现在基本上是这样一个策略。

重视央视的作用

前面说在选地方广告的时候，中央电视台在各个镇一级或者县一级地方看的人很多，在广东地区或者其他富裕地区看的人少，甚至没有人看。这个信息哪里来的呢？这个是我们自己调查的，我们各地方分公司，每年会定期搞几次入户调查，然后通过调查统计出一个百分比。

一个城市只要统计100户就足够了。不用像央视索福瑞那样，他们都要清楚到小数点后两位数，我们不要，我们只要个位数准就够了，就能知道个大概。

大概趋势是这样的，就是**城市越大看央视的越少；城市越小，看的越多**。这样的话做全国性产品，还是离不开央视。因为中国人口是金字塔形的，真正的塔尖，就是北京、上海、广州这三个城市，最大的城市，人口占比是最少的。

其实所有的产品，不管是国内的或者国外的产品，就全国性消费品而言，在这三个城市全是亏钱的，销量有可能做得还可以，但费用太高。

其实**越下面的城市越赚钱，越下面的成本越低。**

做北京、上海、广州，是为了辐射它们周边地区。

所以在这种背景下，央视的作用、效果就很明显。现在应该还是这样。

所以央视的招标，都是我亲自去。

我前面都是自己亲自去投标的。这几年我特别不想去，但中央电视台说我是招标的化石，我是第一批在那儿举牌的，现在那批举牌的人基本都不在了，我还在，他们希望我能去，所以我还是每年去一下。

获得便宜的广告资源

我们之前还做过模特大赛的冠名，现在不搞了。不搞了是因为中央电视台把它停掉了。

我们特别强调广告费的打折问题。

地市台、县台，我们广告费打折打得是很厉害的，一般来讲都是报价的3%~5%，也就是刊例价的3%~5%。但是就中央台打不了，电脑管着，不给打折。但是我们又想省钱，那么怎么办呢？模特大赛这个电脑是不管的，我赞助你一个节目，这个节目里面你多给我点广告。其实我们也是为了脑白金、黄金搭档能更便宜地获得一些广告资源，当时是在这个背景下产生的这个冠名的行为。

模特大赛和销售旺季并不匹配，但是我们还是去冠了名，这是出于什么考虑呢？因为中央电视台的策略是这样的。比如说，这个节目从预赛到决赛，要花2000万元去制作它，中央电视台是不出钱的，不出钱它出什么呢？它出广告资源。你们去出钱拍，谁去拍了之后我给你广告配。比如说我去赞助它，它不用花这2000万元，就把一年的比赛给做完了，这个钱是我出的现金。中央台要播的时候，它就付我广告。

它给我的这种广告资源，电脑是不管的。他们进入电脑系统里面的广告是不给打折的。但是系统外的这个，我是能面对面谈的，就相当于是招标一样，就可以讨价还价。比如说，我出2000万元，那你给我4000万元的广告你干不干？你要不给我4000万元广告我不做。就这样谈下来，应该说我们做了还是挺合算的。

这个节目里面所有的广告我们都买下来。另外还有一些其他的，如一套、二套，还有一些套播，套播时间我们可以自己定，这样我就可以放到春节期间播。

如何降低广告费成本?

花最少的钱做最多的广告

前面说到地级电视台，我们能打折到3%～5%，这本来不是行业常规，而是我们去谈出来的。①

因为它们播出成本其实1%都不到，播出成本很低。我们就和它谈，我们做的方案是：第一我跟它签长期合同，一签若干年；第二个，电视台卖广告最头疼的是，播完广告收不上来款，我是签完合同全款先给你付掉。一年的广告，我可以一次性把钱给你付掉。所以我这些条件都很优厚，但我的要求就是一个：你要给我便宜。必须便宜。

再一条，我尽量不买他们卖得好的时间。其实，不说中央电视台，各个地方台你看广告部在那儿吹牛，其实它20%～30%的广告卖掉就不错了，80%的广告是卖不掉的。本来这段时间，预算里面就是要播广告的，但它卖不掉。卖不

---

① 在尼尔森的调查中，脑白金广告投放金额为30亿至40亿元，但脑白金实际上的投放金额只有3亿元，加上终端包装在5亿元左右。之所以有这么大差距就是靠团队最大程度地降低成本，同国际品牌在中国做广告的成本相比，脑白金广告成本不到国际品牌的1/10。一年需要投30亿的广告因为团队执行力变成了3亿元，利润空间一下子就出来了。

掉的它往往要送，谁做广告做得多它送谁。那我就说，你卖不掉的广告时间我全买，我就只出1%或者0.5%买你的，然后我自己再买一点。

用这种方式，一拉平均，很便宜。当然有的大卫视很难做到，我说的主要是地市台。县台更简单，县台你跟它说5000块钱包1年就可以了。

所以我不怕我们谈广告的人出去吃回扣。有时候我们的人还得自己掏钱请电视台广告部的人上哪儿吃吃饭。因为我们对下面经理们要求很严，我们总部制定投放策略的时候，会研究：这个台怎么样，它的受欢迎程度、收视率，然后我们总部就给核准一个价格，比如这个电视台只允许1%，刊例价的1%。

如果你谈不下来我们就不做，不做我扣你钱，扣当地经理的钱，所以他自己就想办法去谈了。

最早的时候，我还不懂，找到几个台，要求他们刊例价的20%。他们跟我说刊例价的20%做不下来，最后逼一逼就做下来了。后来一做我才发现20%太高了，其实3%就够了，后来我就改成3%，最后硬逼着也都做成了。

广告与销售挂钩

这个政策出来，就是管理上再加强一下。如果一个地方经理他不做广告的话，他的当地销量只能靠中央电视台辐射，销量就少一块增量，那他的奖金也少。这是第一。

第二，我们管理是这样的：他每卖一箱脑白金，我都配套（变成广告费），比如配给他15块钱的广告，是在当地打的。如果你做不掉的话，这15块钱没收，变总部的利润，就不给他了，所以从他的角度算经济账他是吃亏的。

还有，如果你老是谈不下来，最后我就开始罚款，第一年是罚款，第二年我就免了他。

广告要陆海空全面覆盖

我们打比方，电视广告，中央台、地方台的电视广告，都是空军，商场的促销人员是地面部队。还有一个海军，就是海报。

在销售比较好的地区，大街上贴一些海报；其他地方，在商场门口贴一下海报。

海报是否违反城管规定？是这样的，不是说所有地方都不可以贴，有的墙面本来就是可以贴的，只要不乱贴。

另外，商场里面都是能贴的，所有的商场、药店里面都可以。

猪圈上也有我们的广告

甚至比如说农村，在猪圈的墙上也有我们的广告，工厂的围墙上、铁路两面的墙上，也都是我们这样的广告。

其实这个就是打知名度。现在我不知道做不做了，因为我有七八年没管这个企业了。以前我管的时候，曾经要求这么做过，因为成本很低。

我们城市的人会觉得那个档次太低了。但是你去农村调查，农村人不觉得低，因为他们就在那个环境生活着，又不是给城里人看的。所以城里人的意见你别把它当一回事，**你是给农村人看的，农村人不觉得低，那就可以做。**

另外，那个做起来成本很低，50块钱可以刷一面墙，一搞可以搞一年，其实挺好的。这是跟另一个保健品企业三株学的。

广告广泛传播前要经过检验

新产品上市，要告诉消费者相对多的信息

我们的广告预算如何分配？

早期的时候，报纸广告多一点。后来产品的市场打开了之后，我们主要是以电视广告为主。大头还是在电视广告上面，其次是终端的宣传品，还有一个终端的促销。

终端宣传品，是指海报，POP[①]，就搞个大盒了。

因为现在各个商场其实挺黑的，你的店面摆放它都要收钱。你要是摆一面墙的话它收钱，只摆一盒不收钱。就这些，我们一年也要花不少钱。

我们早期报纸广告会多一些，因为**一个产品刚上市的时候，你需要告诉消费者的内容相对多一点。**

除了“送礼”这个概念之外，还有“改善睡眠”这个概念。

它为什么会改善睡眠，它有没有副作用，它的机理是什么，它调整肠道的

① point of purchase，意为卖点广告，又名店头陈设。

原理跟三株跟昂立有什么区别，这些东西你需要告诉消费者。这个电视是做不到的，报纸能做到，因为在报纸上你可以用大量的文字去说。

所以刚导入市场的时候，我们有3年时间，报纸广告大过电视广告。后面报纸广告逐渐削弱，现在，报纸广告基本上停了。

营销没有教科书，要靠自己摸索、体会

所有这些策略、经验，都是我在失败中摸索出来的，交学费交出来的。以前我在珠海的时候做了很多失败产品，那个时候我同时推了30多个产品，除了脑黄金其他都是失败的，所以交学费交得挺多的。

反正是，我觉得如果你要看教科书，你学到的是零，教科书里面是学不到东西的。

你如果听有实战经验的人讲，能学个5%～10%。真正剩下的还是靠自己干，自己在干的过程中摸索，在干的过程中去体会。

我觉得，有很多人你跟他说了，他也觉得这个道理对，但具体干的时候还是老犯错误。

但是你跟他说多了有个好处，在犯错的过程中，别人是需要五个小时醒悟过来，他可能两个小时就醒悟过来：这个错了。

好广告都是改出来的

广告，是必须要试的。其实也没有哪一个广告我那么想了，我组织那么做了，就一次成功了。

我做过第一次就成功的广告极少，不能说没有，绝对极少。

其实好广告，好像都是改出来的。

试销就很重要，不要怕因为试销耽误3个月、6个月，不要怕，因为它让你少犯错误，它会让公司更安全。

所以我们一个新广告出来，即使我们销售已经都在全国推开了，销量比较稳定了，我们每修改一个广告还是要拿到很多城市去做测试，跟踪3～6个月，看效果。

如果通过终端消费者的调查，发现没有效，我们还是要把它否定掉。

凡是我自己组织拍的广告，一次性就过的极少，都是经过一两轮修改。第二轮成功的相对就比较多了，因为有一线的资料，有消费者的反馈去调整。

广告发现错误就要改

广告其实不要怕改，**除了电视主广告语尽量不要变之外，发现错误就改，发现不好的就改，尤其在试销的时候**。但是一定保证往好里改，别往坏的方向去改。

怎么去挑毛病呢?

还是要走到自己的目标消费群中间去，到消费者那里去。跟消费者聊天，跟消费者谈心，观察消费者的言行，去发现自己的问题，去优化自己的营销方案，优化自己的这个广告。

最好的策划导师就是消费者

不仅“送礼”这个概念是这么从老太太那儿聊出来的，我觉得整个过程都离不开消费者。

我一直跟公司内部的人强调，最好的策划导师就是消费者。

我公司内部就有规定，所有广告部的人，所有搞策划的人，必须要每周访谈50个消费者。

每周你必须要跟消费者去沟通。我管的时候就是这么规定的，我不知道现在他们还是不是这么规定了。

我又要求我们全国各地的分公司经理、总部的部门负责人，每个月要访谈30个消费者，好像是这个数字。要让整个公司从上到下都是了解消费者的。

我每出一个广告语，每拍好一个广告，比如像老头老太太那个电视广告，我拍出来之后，就把全国分公司经理、总部的骨干全部召集到一起看。

最后上不上我有否决权，但是我没有同意权，也就是批准权。批准要大家投票。

五六十个人投票，只有达到2/3都举手了，说好了，才能播。

消费品公司，每个人都应了解消费者

所以这样就必须要保证，你下面的人都是了解消费者的。如果都是一帮官僚那就完蛋了，我这么做可能企业就完了。

我觉得只要是营销型的，**只要是做消费品的公司，除了扫地阿姨，每个人都应该了解消费者**。只有这样，这个公司的营销方向，大方向才会少犯错误。

消费者访谈要确保都是真实记录

我们的访谈是这样做的。访谈完了之后，要有一个访谈录，记录他和消费者的对话，他说了什么，对方又说了什么。

这个里面肯定有编的，中国人编剧本的能力还是挺强的。然后我抽查，每个月来的时候我会抽查3～5个。

因为我很了解消费者，谁是真的谁是假的我能看出来。消费者是不是那么说话的，我能看出来。

开始的时候我是普查，普查完之后确实能拎出来几个假的。马上开全国大会时，拎出来的人我让他在台上面连讲100遍，假如他叫张三，就讲"张三没有信誉，张三没有信誉，张三没有信誉……"讲100遍。真讲100遍。下次他还敢不敢？下次就不敢了，因为他欺骗了我，欺骗了公司。这种你又不好去罚他款，又不好去开除他，就用这种方式。

能让人记住的广告，特点就是不停地重复

传达错误信息的广告、根本没有用的广告，我看到过很多。

但是因为那些广告拍得太美了，我记不住。广告语也想不起来了。很多看了之后就忘了，太多了。现在打开电视也能看到很多这样的，看完之后，下个礼拜怎么提示你都想不起来。能想起来的，那还是很多的。比如燕舞那个广告[①]。当时我们研究过燕舞，脑白金广告诞生之前研究过。

你看，那个时候的广告也就一个燕舞现在还能记得住，其他的一般都记不住了。

那个广告的特点就是不停地重复。

广告定位要准确，投入要科学

其实做广告，我在内部经常打一个比方，就相当于你搞一个爆米花机。你这个广告策划人员，就相当于画一个图纸去制造一个爆米花机。

如果你的广告定位准确，记忆深刻，这就是一个很高效的爆米花机：你扔

① 燕舞收录机广告为20世纪80年代最经典的广告之一。燕舞广告流传最广、影响最大的一个版本为：一个短头发的年轻小伙子先是用夸张的动作抱着吉他一边跳一边唱"燕舞，燕舞，一曲歌来一片情"，唱完两遍后，小伙子戴起耳麦，坐在收录机中间，将"燕舞，燕舞，一曲歌来一片情"又唱了两遍，结尾是燕舞和江苏盐城无线电总厂的字幕。广告歌曲"燕舞，燕舞，一曲歌来一片情"随着广告的播出迅速红遍大江南北，被称为"燕舞之歌"，广告主角苗海忠也被大众熟知，称之为"燕舞小子"。据苗海忠介绍："燕舞广告的所有创意，包括广告歌，都是我想出来的，当时我看过一个国外的啤酒广告，就是一个人拿着吉他边跳边唱，我就拿来借鉴了一下。至于那首广告歌的旋律，是受我们家门铃启发。"

一个玉米粒进去，出来很大一颗爆米花。

如果你这个广告设计的定位错了，不能增加你的销量，消费者又记不住，你扔进爆米花机的东西吃掉了吐点碎末子出来，甚至根本不吐东西。

这里面投进去的是什么？投进去的是钱。你抓一把进去，如果10个玉米粒可能就是1000万元。

做营销的，就这两项工作：第一项，把这个爆米花机设计好、制造好、调试好，让它的产出尽量地放大；第二个，你要给它足够的玉米。这样一台好的机器你扔一个玉米太浪费了，你要找一个最佳的，然后往里扔玉米，是扔一把好，还是扔一碗好？

这个机器就相当于你的策划方案，表现形式就是你的广告。你的广告方案，你的报纸和电视的广告设计出来的成品，其实就是这台机器。

如果广告效果好，广告投入力度又够的话，应该很快就能把你的销量拉起来。

如果这个广告设计定位是错误的，或者尽管定位正确了，但消费者记不住的话，你扔再多的钱，扔10个亿的广告，只能起到做100万元广告的效果。所以这两个一个都不能少，一个是把爆米花机做好，第二个就是要有科学的投入。

选消费能力高、广告成本低的地方试销

一定要经过检验才能广泛去播。**其实不光是央视，就是跑到一般的地级市，也不能马上铺开去打，一定要试销。**

一般试销我们喜欢选浙江、江苏的县级市。它的编制是一个县，但是它的富裕程度跟一个市，跟全国其他地方市是平级的，消费能力也能跟一个市平级。它有一个好处，它毕竟是一个县级，广告费成本低，所以我们一般都会选

到那些地方去试。

一般选3个不同类型的县去试，试了之后就每天收集数据，每天调查，3个月下来之后汇总一下，再进行一些判断。

公司评“十佳”也要评“十差”

我觉得我的公司有一个好处：什么东西都放在桌面上。比如我们公司每年评先进，只要评先进，我一定也评落后。

我们每年评“十佳”分公司，市一级的“十佳”分公司。只要有“十佳”就一定有“十差”。

“十佳”上去领红旗、发表演讲，很得意，还发奖金。那个“十差”，他也上去，拿个黄旗，也要发表领黄旗感言，然后现场交一点罚款，10块钱。只要是这种文化，大家也都习惯了。

赏罚要分明

比如我们搞销售的还有一个问题，叫“冲货”。

就是说本来我这个产品，给你在浙江卖的，产品上都印上“浙江地区专销”。不光是省，我还细分到每个市，比如我是杭州地区专销、嘉兴地区专销，每个城市专销。如果他把专销的产品卖到其他地方去了，我们叫冲货，等于他侵占其他分公司利益。

我每年还要评十佳冲货“能手”，他把货卖到其他地方去了。我就会给他一个黄旗，他是冲货“能手”。这个“能手”是打引号的。这个“能手”冲货太多了，我就在经济上处罚他。

你冲了100万元的货到隔壁城市，我就把你100万元的销量划过去，总部再罚你100万元，用这种方法。

就是这样处罚完了之后还有人冒出来，后来我就用这种方式：每年评十佳冲货“能手”，然后搞一个黄旗，而且规定，黄旗子必须挂在经理办公桌背后的墙上。

我们还要定期查，有没有摘下来，如果摘下来了，罚他款。

这样，好的和坏的搞对称，其实挺好的。

明星效应对广告效果的作用有多大?

明星代言没有用

在广告界，我一直有个观点，找明星代言，除了浪费钱其实没啥好处。

你看现在用明星的，有的企业产品销得也不错，但是我就敢说，它把明星广告去掉，它的销量一点也不会少。

因为我研究过，消费者看电视广告的，凡是他在盯着电视看一个广告的时候，他内心本来就是烦的，因为没人欣赏广告。

一旦出现有一个他喜欢的人，他只看那个人了，根本你是什么产品他都不知道，他注意力根本不在你这个产品上。

如果那个明星是他讨厌的，他脑袋里面也在琢磨这个事。还不如用我那个老头老太太好呢，那个老头老太太至少消费者还知道这是脑白金的广告。

你如果用一个明星，消费者看完之后都不知道这是谁花钱播的，因为他的注意力不在那个地方。

我一直就觉得，这么多人、这么多企业财大气粗地花这么多钱请明星去拍广告，是瞎掰。

当然，我这个观点在我们网络游戏公司得不到认可。

后来我也不在管理第一线，我的观点没得到认可，他们自己去做的，也请了明星拍了，我不知道效果怎么样，我估计不会好，我也没问。

这是我一家之言，但我这个人偏激一点，我就不喜欢用明星。

广告理论是为骗钱

我觉得，明星代言的现象，是取决于一些所谓的广告理论。

广告有很多理论，那些理论当然我也叫不出来，反正这个论那个论，这个度那个度，“美誉度”什么度也有一大堆。

那些理论其实是几十年前美国那些大的广告公司自己编的。他们编这个，是为了让厂商多花钱。

在那些理论里面，是要有明星的。其他的，就我所知，我接触过很多产品，研究过那么多产品，至少现在没有充分的证据证明，用明星能增加销量。我觉得至少现在没有证据。

至于我前面说的一点用没有，这个是我的判断，可能有点武断了。但是证据我找不到，反正到现在为止人类历史上找不到。

栏目冠名要看具体情况

是否需要栏目冠名？要看具体情况。

它的产品和它那个栏目的观众是否对路？如果真是对路的话是有用的。比如中央电视台的《夕阳红》，如果让我们脑白金冠名，我觉得是有用的，为什么？

它的观众是我的目标消费群。他们在看这个节目的时候，我觉得是有用的。

但这个手段只能打知名度，不能提高产品的认知，对产品更详细的了解做不到。

比如我在冠名的时候，我不能说“送礼”，我只能说脑白金。所以要不要冠名还是要看是哪一类产品。**如果有一个产品它需要两三句话才能说清楚，可能冠名就不行了。**

第三章

如何成功管理多元业务的企业?

- 我是如何管理多元化的业务
- 为什么决定进军网络游戏产业?
- 网游行业的盈利模式是怎样找到的?
- 网络游戏的营销如何进行?
- 我为什么看好民生银行的投资?
- 如何评价教科书中的营销理论?
- 创业应该注意哪些?
- 企业如何从失败中爬起来?
- 怎样跟媒体打交道?

我是如何管理多元化的业务

集中优势兵力

毛泽东思想里更多是一些哲学或者一些方法论，他那些东西的运用不光局限于战争。比如毛泽东的十大军事原则，你如果研究研究它，很多现在都还是实用的。

十大军事原则里面有“集中优势兵力，各个歼灭敌人”。他这个思想是从红军时期、抗日战争时期，一直到解放战争，都在用。“集中优势兵力，各个歼灭敌人”，其实我们做企业也是这样，我们做企业能不多元化尽量不多元化，这是一个。

第二个，一个企业不是说产品越多越好，不是说产品型号越多越好。其实有一个主打产品，有一个特别大的产品，就够了。

产品能少一个就少一个。少的目的是为什么，目的不是为了偷懒，其实就是毛主席说的这个“集中优势兵力”，集中到一点上去，把精力、人力、物力、财力，全聚焦到一点上去。

毛泽东思想里面有很多我觉得是很宝贵的财富。比如有一点，我觉得跟孙子是很相近的：你2倍于敌人的时候，你不要围对方，你一定要5倍于敌人的时候才去进攻他，10倍的时候才围城。

毛泽东有很多东西，有可能是古人的。但是他通过总结，把那里面古人最精华的，总结到他这里面。所以毛泽东思想里面，确实能学到很多东西。

战争年代的毛泽东，我觉得应该当之无愧是中华民族历史上的一个伟人。我没事的时候还在看他的书。

同一个时间，我一定只管一件事

其实我是违反了这个原则。我现在做了三块，一个是保健品，后来又做了网络游戏，现在我又搞金融投资，主要是投资银行。

同时搞了三个。其实按道理，我感觉就凭我的能力，做这三个，三个都要失败的。好在我过去失败过，开始我就知道我会失败。另外，我的脑白金业务都已经交给团队管了。所以我就给自己定一个纪律：同一个时间，我一定只管一件事，不管两件事。

当我开始做网络游戏的时候，脑白金尽管我是股东，那个时候我还是100%股的股东，但决策我基本不参与了，最多就是他们来找我聊聊天。

平时我不参加董事会，不参加管理性质的任何会议，也不参加他们的策划性会议。

我全力以赴做网络，另外搞一摊子，也没有抽原来的团队。就另外招一些新人，去开发做了新的“征途”这个公司。

这个公司上市之后，我把它理顺了，把脑白金的总裁调到这边当总裁，我又不管它了。所以现在，这个公司尽管我还是董事长，还是CEO，但是这个公司我全权委托给总裁去管了，就是刘伟。我觉得她管得挺好，比我管得要好，所以我现在也不管她。遇到重大决策的时候，她会来找我商量，征询我的意见。

在整个过程中，决策权我基本上是让出去了，然后我才去做了第三件事：投资金融。

金融现在我自己在管，当然这个团队人也不多，也不到10个人，我现在带着这个团队在做这一块。

为什么决定进军网络游戏产业？

保健品空间不大

其实我当时决定不管保健品这个业务，有一个原因。

当时我决定不管的时候，中国市场上已经有3000多个保健品，销量第一名是脑白金，销量第二名是黄金搭档，等于我两个产品都已经做到最前面了。

你要再使劲往里面做，销量还有多大上升空间？

后来我研究认为空间不大了，为什么不大了？最核心的一个问题是：我们的消费者对保健品普遍不信任，而国家又打压，出了很多法规打压它，把保健品这个形象搞得特别差。

其实保健品里小公司也许骗人多，大公司其实还是很少有骗人的。但是保健品这个形象太差，再往下做，比如再增加10亿元的销售有可能，20亿元就很困难了。你想做到100亿元是没有可能的。10年前的十大保健品公司，现在就剩我们一家在坚持着，剩下的9家全垮掉了。

我一看这个苗头，觉得在这个行业施展不开了，挺郁闷的，我就玩游戏。一开始我没想去搞公司，玩着玩着，就想自己搞一个，就搞了一个游戏公司。

网游行业的盈利模式是怎样找到的？

好游戏也是改出来的

从游戏公司成立到美国纽交所挂牌，用了3年。做《征途》的秘诀在哪儿？为什么别人收费很难，我们就找到收费的那个点了呢？其实都是靠心血熬出来的，你路子对了之后，你就得不断地浇灌心血。

我们过去所有的好广告，其实也都很少有一次性成功的。只想一下，一下出个好点子，然后把它实现了，这种很少的。**方法出来了之后，必须不断地测、不断地试、不断地修正，要用心血去浇灌，才能出个好广告。**

网络游戏也是这样。我们的游戏刚做出来的时候，是很不好玩的一个游戏，非常难玩，我每天就在里面玩，平均是15个小时在游戏里待着，除了吃饭睡觉，剩下的时间我全在游戏里面。我这样待了两年，外面都没有朋友了，我也不用手机的。

我基本上就在那个虚拟世界真的待了两年，每天不看到太阳我是不睡觉的，太阳出来我才睡觉。这么熬了两年，玩的时候发现哪个地方不好，连夜把技术人员叫起来，叫他起来去改。之后我睡觉了，醒来后就看改好了没有。

网游商业模式也是试出来的

这么折腾，第一，游戏改好玩了；第二，商业模式也出来了。

因为以前网络游戏的收费模式，全部都是时间点卡。也就是不管你玩不玩，你先交钱，比如5块钱1个小时，你要买就买100块钱的，我就让你玩20个小时，以前都是这样的。

我在这个游戏里面玩的时候，发现大部分玩家都是学生。

我那时候没收费，因为他们说只要一收点卡他们就不玩了。

其实游戏里面有很多人是愿意花钱的，像我在游戏里就属于愿意花钱的。

我曾经为了玩盛大的游戏，花7000块钱买了别人一个账号去玩。像我这种人挺多的，有的人比我还舍得花钱。这些人就觉得，一般的学生可能靠父母给点伙食费在里面玩，像我这么有钱在里面，我的优势出不来，他心理也不平衡。然后这个有钱人他需要那些没有钱的人。

游戏主要是战争，要打架，如果没有钱的学生都不玩了，要打架的时候你拿刀砍谁去？所以没人了有钱人也不爽。所以我就研究，应该是这样：让这些没有钱的人不用花钱，就在里面免费玩；但是有钱的人，你就去花钱去，让你花多多的钱，你在里面要建你自己的组织，比如说自己的国家、自己的帮会，你帮会里的小兄弟小姐妹们，他们的钱你也得出，反正你有钱也不在乎。

后来一测试就发现，这个方式在在线人数、实际收入上，都成立。第一，在线人数，如果用时间点卡，我只能做到10000在线人数的话，我用这种方式，在线人数可以做到十几万人，人数可以多很多。人一多，游戏就热闹。

第二个，收入，如果在线人数一样，以前的10000人和现在的10000人，用我这种方式，人均收入会比以前的人均收入方式高7倍。

为什么？

有些人他愿意多花钱，在里面花几百万的人挺多的。几百万如果是用过去那种点卡，要够他好几个月的。

让游戏玩家有荣耀感

为什么愿意花几百万？

因为不玩你不知道。

在虚拟世界里，现实世界的人无法理解。在那个世界里面，他有他的荣耀，他有他的社会关系，有自己的太太，有自己的房子，这个太太是人，不是机器。然后他有自己的家，里面也能布置得很好。

在那个世界里，如果太太很贤惠的话，可以在家里挂一幅油画，把席梦思床搞得很漂亮；在那个国家里面，如果他的能量强，他可以当国王，当了国王可以任命宰相，可以任命大将军；如果说隔壁哪个国家来我们边境侵扰了，我们要教训他，他在游戏里面吼一声，千军万马就跟在他后面，拿着刀就往前冲。他的那种成就感，其实我觉得不能说就一定是负面的，某种程度上不是负面的，它是现实中无法体验到的那种荣耀、那种快感。

所以作为一种娱乐，有人愿意花这个钱买到这种享受。

游戏世界里面，凡是玩过网游的都是应该能理解的。现实中就觉得理解不了，因为你不是那个世界的人。

让有钱人为游戏中的好友花钱

要他花更多的钱，最主要的是，要让他的钱往自己周围的人身上花。因为其实游戏里面是个社会，那里面有很多朋友，有很多敌人。尤其有敌人的时候，他周围更需要有朋友，朋友关系要更加亲密。里面除了有亲密的异性，还要有很多亲密的同性，要志同道合。然后要做到，有钱的人，他要为自己的小兄弟们花钱。

在那里面打拼世界的人，闯天下的人，他可能没有钱，他可能是个学生，或者他是一个下岗工人，但他很会玩，他和有钱的大哥玩得很好。我就让有钱的人为他花钱。

一般人都是有良心的，你为我花钱了，这个大哥需要帮忙，我肯定是两肋插刀。所以他们两个关系就更好，关系更好大哥就更愿意为周围的人花钱。所以这个花钱尽量要做到，要鼓励、引导一个人为自己游戏中的好友去花钱。

让男玩家为游戏中喜欢的女玩家花钱

游戏中收钱的点，以前挺多，现在收敛了一些。因为别人都说我们太黑了，所以后来减掉很多。

以前可能有七八十项收费，后来减到只有十几项。

这些收钱的项目，最典型的是武装自己。比如一些女孩子，为了让自己在游戏里更漂亮，就要花钱。

我记得有一次我们搞一个活动，在情人节时候，在游戏里卖玫瑰花。游戏里1块钱人民币1朵玫瑰花，当然那是虚拟的不是现实的，我们制造成本也是零。

卖玫瑰花，是说让男的去买，献给女孩子。开始的时候，有的人就买99朵，献给一个女孩子，只要他一献花之后，马上游戏就有公告，“谁献给了谁99朵玫瑰”。这下大家就在那拼起来了，就开始有人买999朵，最后就9999朵。因为游戏里面一旦他喜欢哪个女孩，有时候他就不在乎钱。

有的人对自己花钱很抠，对别人却是不抠的。所以大家就拼，看谁更爱自己游戏里的另外一半。

那天我们卖玫瑰花就卖了可能有5000万元。

网游世界的定价方法

定价是怎么定的呢？首先你不能让消费者觉得贵，要让他能接受。比如像前面这个玫瑰花，你要定到100块钱一朵，几乎就没什么人买了，你定到1块钱，大家都能消费得起。但是你可以靠机制去引导他多花钱，上量，上不封顶。

举个例子，比如我有个游戏，我要在一把刀上面镶一颗宝石。在我们设计中，这把刀是最极品的刀，需要他花1000块钱。但是如果说你买一颗1000块钱的宝石镶上去，这个肯定大家就不买了。

我们后来设计的方式是这样，让他10块钱买一颗宝石，往上镶，成功概率是1%。其实最后也是1000块钱。但是这种他就容易接受，消费面就会宽。

只要是面向消费者的生意，都要研究消费者

这种消费心理，还是靠试错。

方法很简单，因为我本身就是游戏里的玩家，当然那些玩家也不知道我是谁，我就跟他们聊天。

我有个什么想法，就先从侧面问他们，当然我也不能暴露自己。

我就说，其他的游戏里，想干个什么什么事，你们觉得这个好不好？其他游戏要推一个什么东西，你们觉得怎样？

我会问10个或20个玩家，听他们的意见，根据他们的意见我再来作初步的判断。

只要面向消费者的生意都是这样。

只要你这个公司不是做生产资料的，不是做钢铁的，只要是直接面向消费者的，我觉得都面临这个问题，你都要研究消费者。

网络游戏的营销如何进行?

网游营销靠口碑

网络游戏的玩家，因为他要不断地玩，他大部分时间要在游戏里面待着，在网络上待着，他不看电视，不看报，所以传统的广告对他是无效的。最多在一些网站上打点儿广告。但广告对他是施展不开的，所以广告基本上是没用的。

另外，**网络游戏的传播最主要靠口碑。**

比如我的一个同事说好，我一般会相信，我直接就去玩了。

所以对于网络游戏，你如果想把销售额提高，最最核心的是什么？游戏好玩。只要游戏好玩，玩家不愁的，因为靠口碑就行了，玩家可以带玩家过来。

保健品不一样，保健品有3000多种产品，即使脑白金同一类的产品还有30个。这些产品都不差的，都是按照国家规范的要求生产的，产品质量也都不差。

这时候营销的核心是，谁能知道你的产品，这个就是关键。

你要提高你的销售额，就要靠更多的人知道你的产品，这样才能提高你的销售额，这种公司就是营销驱动型的。

口碑这个东西，在现实世界是很慢的，但网络游戏不一样。

网络里面传播是很快的，一般来讲，因为这些人是在网上见面的，一个人说话，一下子很多人都听得见。通过聊天工具，通过一些社交网站，他很快就能让大家都知道。所以网络传播速度比现实要快很多。

对网游世界的定价、具体操作，因为走到消费者里面，我才少犯不少错误，这跟脑白金是一样的。

其实不管是谁，都会犯错误，我是老犯错误的。

我做事的时候，最早的时候产生的想法，事后证明，错误的占70%。但是我过去的15年，犯的错误相对来说比较少，在企业家里面我算是犯错误少的，就是跟我不断地修正、不断地付出心血有关。

我为什么看好民生银行的投资？

10年之后的银行会很值钱

我适合创业不适合守业，我一看，网游这块没什么新鲜感了，所以我又搞银行去了。

前面都是和消费者打交道，人家要买我的东西。现在是我买别人的东西，好像前面可依据的经验，在这个新领域起的作用不大。

其实我就是找一帮人，找一帮专家，研究未来宏观经济形势，未来5年、10年，中国会怎么样。

当时我们就研究，**未来的银行和保险，10年之后会很值钱**。所以后来我就投了这两个领域。这件事跟我以前做的事基本上没有什么关系了。

我就敢取消银行收费

两会期间，大家都在骂银行的收费多，每个银行都100多项收费，还有好几百项的。我跑到民生银行的部门去问。民生银行总共收费项目70多个，比其他的银行少。

我就问这70个面向消费者的收费项目，比如挂失收费，存折丢了要挂失收多少钱。我就问他们，一年这些收费加在一起，总收入是多少钱。这块总收入一年是两亿多。我说，你看今年光是上半年就191亿元的税后利润。你收费这块才两亿多元的收入，全部不收了不挺好吗？没有一个银行敢那么干的。

我直接找董文标董事长去谈。最后他说你要是这么搞，的确是，马上民生银行的存款保证要以千亿为单位地增加了。但是他说其他的银行会来找他算账的。他就不敢干。

我心想，我要在董事长这个位子我就敢。如果取消这些收费，一下子银行的资产规模和存款肯定大幅度上涨。你说那两亿要它干吗？也就占全年利润的1%不到，全年收入的0.5%不到，还为此背个骂名，说银行收费收得多。你打一个存折才多少钱呢？我就免费给你打，你总不能天天丢存折吧。

民生银行贷款的质量非常好

银行收到存款之后，都是要贷出去的，贷给企业。因为我是经历过成功、经历过失败的，我见过很多企业，我能判断出那些来贷款的企业靠不靠谱，哪些企业给它贷款是有危险的，哪些企业是可以放心的。

我要判断。因为我要判断银行资产的质量。**银行最主要就是它的贷款质量高不高，**如果质量不高的话是要出问题的。民生银行做贷款的质量非常好。

民生银行在贷款上面，是宁肯错杀一千绝不放过一个的那种，只要看有一点毛病、有一点危险，它就不贷。它相对来说控制得还算不错。

我在投资它的时候，我心里踏不踏实，对我增持还是减持是有帮助的。

民生银行中层干部我都聊过

我并不是看财务报表这么简单。

我要确定投资之前，比如民生银行，我一定要到民生银行里面去，要到它的中层干部里面去，跟他们聊天。我要问一些真话：到底他们这个部门业务怎么样，现在是什么状况，未来会怎么样。就是要有一个判断。到底好不好，还是要有个判断。

我不做短线

其他的营销经验对我投资金融没什么帮助。过去的积累，面向消费者营销的这些东西，在这个地方用处不大。

我不做短线。因为我也做不了短线，我进去资金都比较大。

比如像民生银行，我投得最多的是民生银行，我又是董事。董事有个规定，你最后一次买卖，6个月之内是不能反向操作的。就是说你今天买了，6个月之内你不能卖；如果今天卖了，6个月之内你不能买。所以我是做不了短线的，我只能做中长线。

我觉得投资民生银行挺好。我觉得再过三年，这一块我应该能赚大钱。我坚信这一点。

民生银行是中国银行里最有特色的

因为民生银行是中国银行里最有特色的一个。它是民营企业，银行里面，只有它一个真正是民营的。

你就看晚上7点钟，金融街那些办公楼，只有民生银行的灯是亮的，其他银行的灯都是瞎的。

然后你到11点再去看，民生银行的房间里灯都还是亮的，其他房间早全瞎光了，这就是区别。

你看工行、招行、农行、建行这些，他们觉得我是长子，我是大银行，所以这个业务不能丢，那个业务不能丢；大企业不能丢，中层企业不能丢，小企业不能丢，华东不能丢，钢铁我要占住，矿山我也得占住。他们是这种思维。而民生银行是个后来者，是个很小的银行，比现在很多银行小很多。

民生银行企业文化有“狼性”

我10年前投了两个银行，一个华夏，一个民生。华夏我投的钱比民生多，那时候华夏比民生大两倍。现在，华夏不到民生的1/5。

华夏是个国有企业，北京副市长退休了去当董事长，那个体制不行。

我现在还是华夏的前十大股东，但那个钱已经不怎么值钱了，当然也赚钱，现在那十几个亿全部是净赚的，我卖了。

民生银行机制不一样，它的企业文化有一种“狼性”。

它是这样：我不要求全，我看哪一块最赚钱、哪块风险最小，我就集中精力攻哪一块。所以，小微企业贷款就被它攻下了。

现在全国那么多大企业，这么多大银行，小微企业贷款，民生银行是排在第一的。工、招、农、建比它份额小很多。小企业贷款从50万元到500万元，叫小微企业贷款，他们大银行不愿意做。

但民生银行它自己创了一套套路能做，而且很赚钱，贷款利率年息13%。这个利率高，这块它非常赚钱，所以这块就闯出来了。

民生银行推出的产品是经过测试的

中国是这样的，大家如果都觉得一件事风险不大就都来做了，都觉得风险大就都不来做。

但是民生银行这点挺好，它就去研究，去试，去测，后来分析发现，银行贷款风险最小的，其实就是50万元到200万元的贷款。

为什么呢?

一个人如果要贷款，工商注册的一般都是他个人，作无限担保的，他为了50万块钱，自己老婆不要了，家里房子不要了，汽车不要了，还得远走他乡躲债，还得怕公安来追捕，值不值?

为5000万元他干，为50万元他不干，为了这点钱他不值得。

所以最后测下来果然是，民生银行这块坏账率极低。

民生银行的核心竞争力——打通产业链

后来当其他大银行缓过神来了，来做这块的时候，民生银行转到2.0版本了。它以前叫小微银行1.0。

现在2.0是什么呢？过去它是做散户的，散户还有0.3%或是0.5%的坏账率。它后来改做系统了，就是做一个产业链。

比如像大理石，有人要贷款去云南、去希腊开采大理石。我民生银行贷款给你。

你的机器什么的，都是我银行给你出钱，但是我的要求是：你只能卖给我的客户。

然后粗加工的大理石它又发展一百家，粗加工的大理石作为我的客户，只能在我民生银行结算，不能跟其他银行发生任何业务往来。存钱不能存在别家，也不能跟其他银行贷款。

然后这些就是买这个大理石的钱，买的60%或者70%的钱，我民生银行贷给你，这些人很开心，他只出30%的钱，剩下的民生银行付钱给矿山了。但实际上，这些都在民生银行一个电脑里转，其实民生银行最后没出钱。

然后粗加工过的大理石，必须卖给这两百家精加工的，精加工的这些也是它的客户，精加工再卖给多少家，最后再卖给全国两千家大理石经销商。这条产业链全是民生银行的。

其他银行想进大理石这个行业，它进不来了，被民生银行垄断掉了，因为它签了排他协议。

民生银行其实把这个搞完之后，银行一分钱没出，都是客户的钱。客户的钱存在这里，银行说我贷给你，其实银行的钱贷给你之后，银行就在这收手续费，而且利息还挺高。它就把这个产业链打通了。

其他的银行做不了，这个很苦的，打通一个产业链需要两年。

民生银行现在正在打通50个产业链，一个产业链真打通成功之后，平均一年有50亿元的利润。

国有银行哪能去干这种活，这种活太累了，只有民营银行能做成，所以为什么他们累呢。

民营机构机制灵活

招商银行也不错，它的盘子比民生银行大，但是招商银行的高速发展期过去了，所以招商银行最近内部老开会，学习民生。

招商银行它现在发展有点停滞，但改造好了还能起来。我也买了，民生我是赚钱的，招商银行是亏钱的。

平安保险我也买了。我看好平安，它也是民营的。因为这个大的金融机构，民营的是占很大优势。

你就看员工收入，人均收入越高的金融机构越安全。

如果金融机构在给员工发工资的时候，抠抠缩缩，然后再去按照组织部的有关规定定工资，那种金融机构没什么投资价值。

我去平安调研的时候，他们不久前刚给三个韩国人发了5000万元的奖金。

为什么？因为当时有一块业务，内部竞标考核能力，最后三个韩国人竞标上了，他们果然最后把这个利润做得非常好。平安就按照事先承诺就给兑现了奖金。你要到四大国有银行里面就做不到，民营的机制灵活。

我到平安去调研，没有跟中层都喝酒。但我跟马明哲喝酒，也跟副总这个阶层聊过，因为我投资量没有民生那么大，所以我就没有那么认真。

没研究透的我不投

当初投民生银行的时候，我下面的人，包括我的朋友都说，鸡蛋不能放到一个篮子里面。但是我原意全部砸到民生里去，然后大家都觉得这样不好，我就拿出相当的比例出来去分散一下。

现在回过头来看分散错了，就民生赚钱，其他的都赔钱。

我的一个原则：**不了解的、研究不够透的，我不投。**美国公司我没办法研究透，我外语这么差。其实美国现在也有一些中国概念股。我们公司也在美国上市。但我不了解的公司我一定不投。

有人做茅台的股票赚了钱，我觉得恰巧是茅台这个公司利润高速增长了，每年增长40%，连续这么三四十的成长，那人正好恰逢这个时候。让我买我就不敢买，市盈率30多倍。

民生银行的市盈率是4倍，增长速度民生银行可能比它还快，你说我不买4倍，我干吗要去买30多倍的？

那个买了确实能成功，但那个是基金把它抬起来的。我现在不会买，它如果要跌到4倍市盈率我就买。

如何评价教科书中的营销理论?

实事求是，自己多花时间去检验

教科书里的理论，有的是有用的，但很多是没有用的。

比如科学的理论，教科书里面肯定是对的，但是像营销，这个东西它是没有标准的，它是很难验证的东西。

那些理论，尤其是早期的时候，都是一些广告公司瞎编的，美誉度这个度那个度，一大堆衡量指标，都是骗客户、骗厂家多掏广告费的，这种我觉得没什么用。

还是要实事求是，实践是检验真理的唯一标准，哪怕要自己多花一点时间，也还是要多想一想，多完善完善，多花一点时间，去试一试，去检验。

我觉得用这种方式，情愿慢一点，但是减少一点错误。就营销方面，靠教科书那个风险更大。

创业应该注意哪些？

创业，最好主攻一个方向

关于创业有几点。

第一个，不要搞多元化，尤其企业不大的时候。我觉得能少干一件就少干一件，不但不要多元化，而且**创业的时候最好主攻一个方向，要做就做一个产品**。你要做这个产品还不能说平均用力，一定要把你的核心竞争力那一点用足。聚焦聚焦再聚焦。凡是你想干的事越多，你失败得越快。

反正我看得太多了，只要违背这个规律的，今天见了这个他想做这个，明天他又想做另外一个，后天一问，他总共在做三个。再过一年问他，他啥都做不成了，因为他已经破产了。但是如果他坚定不移地就是聚焦到一点上面，做一个产品，把这个产品给它做到极致，所有的团队、人力、财力、物力，全部押到这个上面，这种成功概率比其他的要大很多。要专一。如果违背这个，我觉得失败的概率相当大。

民主决策后要坚定地执行

再一个就是，我觉得在公司内部，民主集中制很重要。早期我在公司的时候，往往我不民主，然后中间也有过不集中的时候，其实都不是很好。公司的决策一定要既有民主，又有集中。任何一个人脑袋都会犯错误，你是老板，是个天才，你也会犯错误。我前面说，我过去自以为想成熟的，70%的都是错的，我作为一个企业的负责人，错误的东西是很多的，所以我只能和自己的企业内部骨干多交流，多征求他们的意见，决策权一定要民主。一旦大家共同努力，某个想法认证完了之后，就要果断地决策。

决策完了之后，只要不是方向性错误，就要坚定地执行。

不要经常停下来调整调整，再停下来调整调整。有时候登山有很多条路，有可能你选的这条路不是最近的，有可能远一点，但是如果你坚持走，总比那种你走了一条路，发现不是最近的，说另外一条路近，然后再下山再去登那条路，发现又不是最近的，登了一半再下来，总比那种好。所以公司管理机制上，要尽量地走民主集中这条路。

营销驱动型公司，老板要亲自抓营销

营销驱动型公司，我觉得老板必须自己抓营销，必须自己抓广告。只要老板不自己亲自抓的，这个公司一般没戏。

如果是靠一个副总抓的，那这个公司如果有戏的话，将来这个老板肯定要被这个副总开除掉。

因为老板亲自抓营销，就意味着这个公司的命脉是掌握在你手里了，其实比你掌握着资本还重要。

对于营销驱动型的公司，营销就是个舵，你作为一把手你自己都不去管这个方向，管这个最重要的舵，那这个公司很容易出错。

老板重视，并不是说老板一定要比别人聪明。一般情况下，大多数的老板比员工还是聪明的。但是即使你不聪明也没关系，因为只要老板重视这件事，整个公司上下都会重视这件事。

如果老板一年都不听一次广告的汇报，这个公司搞广告的人都不用心了，都想换部门了。所以老板亲自抓，其实是必须的。

像网络游戏，我就亲自抓研发，也就是产品，产品的体验。[①]这个也很重要。大家一看我抓，所以整个研发人员，就特别注重这块，去开发个新功能，特别注重消费者的感受。消费者会怎么评价？好还是不好？这个对公司就有无形的压力。

广告也是。我一抓，全国的骨干、分公司经理、总部的人，就每天自己也在那琢磨广告的事、消费者的事。

老板亲自抓，更大的作用是：整个公司的资源，人力、财力、物力，会往那个方向去流。老板不管，那个地方资源是缺乏的。

① 史玉柱在做巨人网络时，名片上印了三行：董事长兼 CEO、首席体验官、高级专家客服。

创业者如何统一个人兴趣与市场需求?

创业的时候，究竟是做自己喜欢的，还是做市场特别有需求的？我觉得取决于这个老板的性格，如果老板是浪漫型的，那就应该做自己喜欢的，如果老板是一个任劳任怨的，那就是做需求。这个跟老板性格有关。

好像每天也得任劳任怨地在那儿辛勤浇灌，但是我有兴趣。每天玩游戏我觉得挺浪漫的。

别人觉得你怎么天天趴在电脑前面11个小时还觉得很开心，别人觉得我很苦，但这是兴趣，因为我本身就是喜欢玩游戏。

我以前不管保健品的时候，上班的时间偷偷玩游戏，因为每天在公司，有时候别人偶尔过来跟我汇报工作，别人一敲门，我就把电脑屏幕“嘭”地给按掉。

要是下属看见老板上班时间玩游戏，多丢脸，不准他们玩，你自己在玩。

后来一开发游戏，我就理直气壮了。这个主要是兴趣。

我的用人心得

选人标准就是两个，毛主席说的“又红又专”。

红，指人品好；专，指他的业务好。其实这个是两方面的，任何一个团队，你在周围找人，都是能找到合适的人的，又红又专的人都是能找到的。

红，我想稍微有一点经验的人，其实他的人品早期还是能看出来的；专，其实很大部分跟培养有关。

你如果给他放那个位置，却不授权给他，那他永远专不了。**你要把他放在那个位置上，还要授权给他，然后就培养他。**

当然我有一个特点，其实我挺保守的。

一般关键岗位用人，我都是用跟我10年以上的人，像刘伟都已经跟我快20年了。几个关键岗位的人，跟随我差不多都在15年以上。这种人，能力你肯定了解了，跟你3年你就已经很清楚了，红的问题自然解决了。

过去给他这么多经济上犯错误的机会，他都没犯经济错误，经过考验的，所以也没事。所以我用人上面，我觉得还好，从没出什么太大的问题。

要允许下面的人犯错误

用人，他可能是70分，我可能是90分，我授权的时候，我就要忍受这个20分的差距。必须忍受，我也能忍受。

比如我前面说的保健酒，我看到就不行。这个做是能做，但是我总觉得，最后这块的利润对公司的贡献，比脑白金会小很多。

虽然我觉得不行，但是决策权在他们。最后他们就做了，当然也不能说是失败的，但是也不能说是成功，所以他们自己后来也觉得我当时的提示是对的。但交一次学费不就好了吗？下次就不这么干了。

如何授权

我授权比一般的老板会彻底一点。下属非常坚持的，如果我又不是说100%有把握的，我一般不会否决。我只是觉得，我也没有把握100%说会失败，最后它也不能完全会失败，但是称不上成功，称不上大成功，所以我觉得花那么多精力比起来不太合算。

我还是觉得，选中了人，然后给予授权，给予科学的一些监督，就行。

我的几个企业，用人都是用的我内部的老干部，但像创业的人，上来就应该这样：**你先带他带一段，送一段，然后充分授权，因为他只有在充分授权之后，成长才能更快一点。**

要允许他犯一些错误。当然如果是灭顶之灾的错误不能让他犯，但是作为一个一把手来讲，你已经去抓了命脉了，其他的地方只要不是财务问题，只要不是安全问题，它一般也不会是灭顶的，一般来讲犯个错误还都有纠正机会。

企业如何从失败中爬起来?

只要有团队和产品，摔倒也能再起来

大批企业，摔倒了就再也爬不起来了。

我摔倒的时候，还是很年轻，30多岁。因为我还年轻，又不服输，自己觉得还能起来。最关键还是有周围的人。尽管摔倒了，我的团队还没散掉，有些员工走了，但是我的核心干部团队差不多有1/3到1/2还在。他们还给我鼓励。再加上又碰到一个好产品，就是脑白金这个产品，当时觉得靠这个产品确实能起来，所以也就没有灰心。

他们为什么不跑？一是大家在一块干的时间比较长了，我跟他们私交也挺好，团队之间私交也不错。

再一个很重要的原因，在公司摔倒的时候，脑白金这个产品已经研发出来，样品已经出来了。我让每个人都吃，吃了之后第二天早上大家都起不来，睡觉特别好，大家都觉得这个产品能做起来，所以能看到希望。一个是跟你团队的感情，第二个就是公司未来还有没有希望，这两个少一个都不行。感情再好，未来耗着反正一直是破产了，他也会走，所以这两个要同时具备才行。

怎样跟媒体打交道?

跟媒体保持距离

媒体，我觉得在现在这个网络时代，能少打交道就尽量少打交道。因为媒体记者对你干的这一行不一定熟，你的消费者他也不熟，你的行业主管他也不熟，他听你的话的时候，很容易把你的意思给曲解。

媒体这块还是保持距离好，现在不是有微博了吗？有什么东西在微博里写写就够了，我觉得不用接受媒体采访，这个对企业主来说可能是最安全的，能不接受尽量不要接受。

如何应对媒体的困扰

媒体会不会给我们制造困扰？

我们的网络游戏公司没有遇到过，因为网络游戏这块本来就不投放传统媒体的广告，而且我们在美国上市，在国内也不需要做广告，所以没有。

保健品是经常碰到，每个礼拜都有。比如哪个媒体，一般都是报纸，过来说，你要在我这地方投广告，你要不投我的广告，我就曝你光。

曝什么光?

他说我们收到一个“人民来信”，其实他是自己写的，说你的产品有毒，或者你的产品没有效，或者在你的产品里发现一个苍蝇，等等这种事。

开始的时候我们忍气吞声，最后我也想开了，你这种方式我一律不登，最后也就出过两三次事，也没多少。

现在我不管了我不知道，反正我管的后期，频次已经少很多了。可能一般来讲，就是那几拨人，一旦敲诈几次敲诈不成，他就不找你了。

敲诈成功之后，他同一个体系的其他人再敲诈你，换个媒体继续敲诈你。

这种情况在中国是很厉害的。所以很多中小企业，尤其做面向消费者产品的企业，其实经常会被这个困扰。

过去我管的时候，几乎每个礼拜都有，中央媒体地方媒体都有。我们都不让他得逞。

他跟你说话的时候，你录音就行了。我们处理过很多次了，最后每次只要一遇到这个电话就给他录音。对方真威胁你的时候，就说反正我有录音。

第四章

我对产品策划和策略的认识

- 如何做好一个产品？
- 巨人创建以来的产品和策划

如何做好一个产品？

决策失误是一个企业代价最高的成本

我跟大家讲一下巨人从创办起每一个产品的策划和策略，谈一下从开始的第一个产品到现在的脑白金，有一个从不成熟到逐渐完善的过程。

首先强调一下策划的地位，**一个企业付出最大的成本、最大的浪费并不在于它的实际操作，实际上决策失误所付出的代价是最高的**。举个例子，当初巨人盖巨人大厦，那就属于巨人不该盖这个楼，可是你去盖了，于是这一件事就把巨人彻底拖垮了。

如果当初在盖巨人大厦之前经过充分的论证、认真的研究，考虑各种可能性，成功了怎么办，不成功怎么办，应该仔细地论证一下，这样可能会花费几百万的论证费用，但是却可以节省几个亿的损失。

做好一个产品要过产品关、策划关、团队和管理关

对于产品、对于营销来说，付出的最大成本是做了不该做的广告。相反，如果你的营销策划做得比较好，你的广告诉求点是正确的，再加上在形式上有一定的冲击力，能让消费者都记住你的广告的话，那其他工作即使做得差一点也是可以弥补的。

脑白金启动是比较成功的，但这并不表示我们的分公司经理都很能干。

我认为我们的分公司经理有1/3是能干的，有1/3是马马虎虎的，有1/3根本是不称职的，但是我们的全国市场除了陕西和内蒙古，其他基本上都是成功的，而且很多地方的经理即使不称职也都是成功的。

所以一个策划决定着一个产品成功和失败的命运，以前我也强调过做好一个产品要过三关。

第一关：产品关

现在我们在选产品的时候，都很慎重，所以这一关很容易过。

产品关，针对保健品来说，这个产品必须是好产品，而且给消费者带来的好处，消费者自身能够感受得到，这样才有利于策划，有利于这个产品做长，符合了这两个要求，这一关就能过。

第二关：策划关

如果有一个好产品，但是策划关没有过，那这个产品肯定会失败。

在市面上好产品很多，但是成功的连10%都不到，原因就在于没有过策划关。

一个好策划决定的是你这个产品到底是赚钱还是亏损。

第三关：团队和管理关

队伍的建设和管理的建设，这一关决定的是该产品赚多少的问题。

三个环节中，对于我们来说，最重要、最难的是策划关。

策划是至关重要的，我们现在最缺乏的就是策划，所以这次我们要求每个分公司都抽一名员工来参加策划培训，以后专职做策划，就是我们要加强策划的力量。

所以**在营销活动中，我们付出成本最高的就是策划的成本，而不是电视、报纸的费用。**

巨人创建以来的产品和策划

下面跟大家简单谈一下，巨人从创建以来做的产品和策划。

M-6401桌面排版印刷系统——创业起步产品

1989年开始开发该产品，当时开发组就我一个人，大约在1989年6月份开发完，7月份就开始筹备上这个产品。当时只做了一个广告，在《计算机世界》报上，做了1/4版，当时密密麻麻将版面全部都排满了，主要都是文案，题目是"M-6401桌面排版印刷系统——历史性的突破"，下面就讲自己产品如何好。

这个广告其实问题很多，当时也不是很懂，只是觉得如果有任何的空白都是浪费，所以将每一个地方都塞得满满的。第一次做广告文案，不懂，但也清醒地认识到自己不懂，所以花了很大的功夫，当时大概写了300多字，花了将近一个月时间进行修改，最后自己觉得一个字也不能删不能加了，该说的都说到了，才把这个广告登出去。

当时效果还挺好的，原因可能是当时做广告的还不是很多，大家还不是很重视广告。

当时在《计算机世界》报上打了三次广告，两三个月的时间做到了100万元的销售额。这是最早的一次广告宣传，也就是第一个产品。

后来经济改善了，一下子有了上百万的收入了，所以后来就变换了一些花样，当时变化的花样仅局限于表现形式上，方案精炼了一下，然后搞了一些图形的设计，到深圳大学图书馆找国外的一些图片，按图片来做。

巨人汉卡（M-6403桌面印刷系统）

M-6402做得不是很成功，M-6403在广告投入上就大了一点。

M-6403是在1991年的时候做的，那时也有一定的规模了，有四五十人了。

那时公司已经取名为巨人了，但没有人知道巨人，巨人没有任何知名度，当时产品名字称为M-6403巨人桌面印刷系统，叫M-6403巨人汉卡，当时这两个名字都叫过。

当时我们所考虑的是如何让别人注意到我们的产品，怎么样才具有冲击力。

这时候我们的广告策略比M-6401要高明一点，刚投放市场的时候，最好不要大面积的文案：一个版是一个“巨”，一个版是一个“人”，形成了一定的悬念，后面再全面介绍。这个效果很好。一下子巨人在整个计算机世界的知名度就高了起来。

巨人从小到大，M-6403是一个重要的转折点。巨人汉卡200元成本，3100元售价，毛利率高。

GAC电脑

这个产品是失败的。做这个产品的时候，开始注意到电视广告，开始也做了几个版本，但是感觉到效果不是很好。后来请香港广告公司做广告，当时我们想要力量感，采取的广告创意是一个男人抱着我们的计算机从沙漠里冲出来，想要那种气势。但是拍出来的效果不好，气势也没有完全表现出来，在中央电视台播出之后，反映非常不好。

广告打出来之后，销量没有上升，投入产出不成比例，所以巨人做自己的电脑赔了3000万元。当然这有很大一部分是因为管理不善，造成了大量的烂账。当时的陕西西安公司经理拐走了800万元货款，后来追回了400万元，她本人也因此坐了几年牢。这是在广告上第一次尝到苦果。

1994年，中国发生了这样的变化，做广告的多起来了。我们有一个成功的广告，那就是树“巨人集团”整体形象的5秒广告，这个广告使巨人集团的知名度大增。

脑黄金

由于前面的教训，做广告就更慎重了。

1994年8月22日立项，10月18日在华东全面打响，不到两个月的时间。因为这是我们第一次踏入保健品行业，我们不懂，再加上前面吃过亏，所以在做这个产品的时候就非常慎重。

在那一个多月的时间内，我们是加班加点。当时我带了几个人**做策划，最**

难的是广告语，这个广告语要既简单又有冲击力，几经讨论，最后从邓小平的一句话“让一部分人先富起来”改为“让一亿人先聪明起来”。

这个广告语对启动“脑黄金”起到很大的帮助。首先它引起了争议，另外它有冲击力，因为当时让“一部分人先富起来”是叫得最响的一句口号。

当时我们的路牌、报纸、POP基本上都以这个广告语为主。这个广告语我们是选得不错的。我们的总体策划是这样：报纸广告、软文、电视、专利、活动等能用上的全用了。

报纸广告一个系列：综合篇、儿童篇、成人篇、老人篇，选一个有冲击力的图像配一段文案。

当时的诉求不是比较准。综合篇文案的大致内容是这样：20世纪90年代美国国会提出“脑的十年”，重视健脑；日本政府也列出一个计划，强调补脑就吃DHA，俗称“脑黄金”，主要是从鱼脑中提炼出来的。熟鱼会把脑黄金破坏，结束时强调自己产品的特点，相对比较精炼，该点到的特点都点到了，文案也不是很长，再配上比较好的平面图形，阅读率也比较高。

当时几篇一起打，选图片还是花了一些功夫，有的是从图片库中找，实在找不着了，后来就自己拍，因为有的图的人体动作不是很复杂，就自己拍。

综合篇拍的就是巨人自己的人，穿着巨人的服装，然后列队在那正步走，广告部导演了这样的一个东西，还有一点气势。还有一个成人篇，选了几个实在不好，最后让广告部经理高柱来演，让他掐着脖子，眼瞪很大，那个表情非常有冲击力。其他几个就不是自己拍的，是自己选的。

儿童篇呢，选了一个很可爱的光屁股的小娃娃，在地上爬，小孩后面是一个鸡蛋壳，好像小孩刚从鸡蛋壳里爬出来。

搞这些具有冲击力的图片，目的是为了让大家去注意我们的广告，读我们的文案。因为我们的文案写得还是不错的，所以只要消费者读了我们的文案，将内容输入到他们的脑海中，就可能产生消费的欲望，这是我们报纸广告的创意和设计。

电视广告，拍得一般，但是它的文案基本上是综合篇中截出来的，基本就是把最简单的东西截出来了，所以拍得一般，但文案还行，所以电视广告还是有一定效果的。

电视广告是1994年8月22日决定上，然后策划。

策划出来大概就到9月初，然后再开始搞电视广告的创意，时间挺紧，但也按时完成了。

三大战役

“三大战役”是我们最失败的一次广告，因为脑黄金做得很成功，所以就使我个人和我的队伍错误地以为自己很能干，觉得好像做什么都行，广告也是，认为只要自己做出来的广告就一定会有效果，销量肯定能上去。所以我们一下推了12种保健品，在1995年五六月份开始做这个事情，当时产品比较多，除了脑黄金以外，还有吃饭香、巨人站钙、巨鲨软骨等等一大堆，现在市面上的产品除了补血的没有覆盖，其他都覆盖了，什么都有。

现在回头看看，这些产品其实都是好产品。因为当时我们定位选产品的时候，是按这样一个指导思想：每个领域都要选最好的产品。当时选的产品也的确不错，但当时头脑有些发昏了，以为自己的广告能力很强，所以策划了“巨人大行动”，这一系列，看计划确实声势浩大，我们先是搞一些铺垫的广告，光铺垫的广告就搞了二十多个版本，而且很多做的都是两个版拼在一起的那种，当然从总体数量来说还是整版广告多一些。

策划是这样的，先做些有冲击力的广告，再做产品介绍，但是因为当时做的第一阶段的广告太投入了，以至于第一个广告刊登的时候，后面的广告还没有做出来，后面的产品介绍广告也还没有做出来。

单从广告的角度来看，平面广告应该说都是精品。但是总体策划不对头。

第一，我们没上电视广告，觉得平面广告是我们的特长，广告应该是一个系列。前面引起大家的注意是可以的，但后面的东西没跟上，产品介绍没有跟上。

而且前面这块太大，登场的这块投入是5000万元，一个多月投入5000万元代价很大，前面5000万元投入后，后面没有钱了。本来想这5000万元投入后，就应该有回款，这是一个很错误的想法，因为这时候还没有到宣传产品的时候，这个销量是不可能上去的。

当时的管理是分公司要货不要钱，不像现在是要钱的，所以当时分公司纷纷要货，总部就被假象迷惑了，以为销量很好，其实很多货都没卖出去。

这个巨人大行动彻头彻尾以失败而告终。最大的教训是做一个产品不能太浮了，没有把产品的功效宣传放在第一位（做保健品重点是功效宣传）。片面地去玩弄一些自认为的“特长”，软文一篇没有，说理一篇没有，没有试销的过程。这样是肯定会失败的。这对我们来说是一个浩劫。

当时巨人的财务状况是非常好的，能拿出5000万元做广告说明我们账面上的现金节余量很大，但是三大战役后，我们的财务状况就落后了，这里面集中体现出我们缺乏策划的科学态度。

策划是来不得半点虚假的，是不能敷衍了事的，否则马上就给你毅然扭转，这个打击是非常大的。

今天说这些，说的是学费不能白交。

巨人大厦

巨人大厦虽然不是一个产品，但是它的广告策划是值得一说的，巨人大厦开始动工就开始销售时，开始销售就要开始做广告。

当时做广告，在国内做的主要是整版广告，充分利用领导人题名的优势。就是巨人大厦的模型，下面再配一段文字，重点突出了领导人的签名。在国内做得不错，方向不错，效果也很好。

我想重点谈谈在香港卖楼这一块。当时在1995年下半年，宏观调控已经在全国展开有些日子了，房地产降温已经降了一段时间了，在这种恶劣的环境下，我们在香港卖楼应该说是很困难的，这就要求我们在香港卖楼的广告要有创意、要独特，同样在香港做的报纸广告和内地的差不多，重点也是突出楼的特点。

在香港最成功的是电视广告。这个广告非常简单，制作成本很低，没有一个演员。一个15秒的广告开始的几秒是先奏英国的国歌，然后是香港档次最高的一个楼缓缓升起；再是日本国旗、国歌，然后日本最高的一个楼升起；再后面是星条旗，帝国大厦缓缓升起；再是中国国旗、国歌，最后巨人大厦缓缓升起。

这个制作花了5万元，效果很好，很有冲击力。这个广告播了3个月，一下子在香港火了起来，在这样恶劣的环境下，在香港签了3亿元合同，到位1亿元港币。尽管巨人大厦这个项目最后是失败的，但是这个广告还是有成功之处的。

巨不肥

除脑黄金外，我们还做了“巨不肥”。

做巨不肥的时候环境对于我们来说已经有所变化了，就是随着“三大战役”的彻底失败，巨人的财务状况已经很差了，公司已经走下坡路了，而且决定做巨不肥的时候下滑得还挺厉害的。

1996年3月份开始做巨不肥，因为困难，巨不肥的策划开始实事求是了，开始有进步了。巨不肥有不少是成功的经验，也有失败的教训。

因为这时候我们已经认识到做一个项目必须先要试销，所以我们在1995年12月份就在深圳、广州、珠海三个地方进行试销了，根据实验来摸索，这是一个进步。开始重视投入产出比了，只挤出了500万元启动费，当时脑黄金的销售额已经降到1000万元之内，一个月就只有800万元左右，再加上巨人大厦当时不断地要钱，公司的摊子比较大，两三千个人需要吃饭，800万元的回款满足这两条都不够，所以这时候就很重视投入产出比。基于要提高投入产出比这个条件下进行策划，当时就做了一个启动市场方案。这个启动市场方案是成功的，就是做巨不肥大赠送，以活动作为线条进行宣传。

做活动的目的只有两个：一个是通过活动吸引当地的消费者，尤其是肥胖者的注意；第二个为我们的宣传提供炮弹，活动本身花不了多少钱，主要的钱还是在宣传上。这时我们已经不打硬广告了，已经没有钱打硬广告了，就要保证我们每幅广告都要有效果。当时以报纸广告为主，电视广告也有，但很简单，也没有什么特点，吸收一个启示的作用。

我们大致的思路是这样的：在活动前一周开始打预告广告，原则上一周打两三次，打1/4版，表面上是在预热这个活动，实际上是在做功效宣传，这个广告文案的标题就是：“请人民作证”。

文案的大概意思是某月某日在某个地方我们要举行一个巨不肥的赠送活动，大概共送出多少数量的巨不肥，请消费者亲身体会来验证这个巨不肥有没有效果，如果你服用以后精力充沛，那就告诉大家，巨不肥好……这样的话感觉就非常自信，通过自己的自信来暗示巨不肥的功效好，这个文案版面很小。

同时在活动之前，也发了一些小报，当时发小报也不能挨家挨户投递，已经没有这个实力了，当时就搞了大资料的派发，小报里就介绍巨不肥的产品、功效，尤其要告诉他们在哪里搞这个赠送活动。

到了举行活动这一天，活动的确是搞得人山人海，在绝大多数地区都起到了震动的作用。3月3日在昆明第一个打，3月底打到哈尔滨，然后从南向北一个一个城市打，当时我们组织了三个野战军、三个指挥部，指挥部是移动的。

当时做的活动应该是比较成功的，最多的可能是郑州，然后是武汉等几个地方。因为预计当时的现场肯定会很乱，所以策划的第三步就是炒作，这样就有新闻点，报纸和电视就炒作这件事，又不需要花钱，就把产品宣传给带出去了。事后再报道一些领到产品的人的使用效果，整个活动周期就完了。这个活动使我们的销量很快就上去了，到了5月份，我们产品的销售额就上了2600万元，巨人的形势好像又扭转了。

除了活动以外，我们还搞了张贴楼梯口，有的地方贴得很好，有的地方搞卫生文明城市，贴了就被撕了，但是我们的纸很薄，很难撕。这个投入产出也很高，因为成本比较低，还是有效果的，这样形势就扭转了。后来策略上出了一个问题，就是市场打开之后，后期的策划没有做，市场打开以后，不知怎么办了。

前面全力以赴去做市场启动方案，市场启动以后却没有方案，当发现这个问题之后再去研究时，黄金时间已经过去了。所以导致这个产品后来逐渐下滑，因为没有方案也没有投入，这个产品就逐渐萎缩了。于是就不了了之了。所以在巨不肥这个产品上，我们有成功的经验，也有失败的教训。

脑白金

产生做脑白金的想法大概是1996年，巨不肥走下坡路的时候，当时想重新做一个产品，争取把这个产品做成一个上量的产品，能有一定的规模。这时就注意到1995年美国出现了一阵疯狂，就是关于褪黑素的疯狂，在当时就想做一个以褪黑素为主要原料的产品。

当时定名字也争论了半天，最后定下名字是在胶州，定为脑白金。当时不敢用脑白金，因为怕和脑黄金产生冲突，就是别人会误认为它是脑黄金的换代产品，因为脑黄金已经定位到儿童上面了——健脑。

如果用“脑白金”的话会不会还会让人从健脑上去考虑，但最后还是用了这个名字，认为这个名字有副作用，但是我们考虑可以想办法克服，名字的好处是容易记忆。

一个名字如果不上口，不容易记，往往就要花上几十倍的广告力度才能达到让别人记得住的效果。虽然名字不是唯一的使产品做好的依据，但是这是核心的重要的一个环节，**凡是做好的产品，大多数名字取得不错。**

但也有个别名字取得不好，最后做得还行的。如御苁蓉名字不好，但终端做得非常好；康泰克名字不好，但时间长，投入多也就做出来了。

取一个好名字可以减轻很多的劳动量，减轻好多压力。脑白金名字取得是比较好的，有缺点，优点也很突出；红桃K名字好。凡是取太大众化的都让人记不住，所以取名很重要，我们取名还是很成功的。

产品的剂型我们也经过了很多周折，最早报的产品是“胶囊+胶囊”，一个胶囊是褪黑素，一个是叶林铁，一红一白两粒胶囊。后来报批过程中发现这样的剂型有问题，这个**产品不适合送礼，因为这个产品体积太小，重量又轻。**

1997年1月份，报批后又突击修改了，改成了“胶囊＋口服液”，改的目的还是为了把体积变大一点，做送礼市场。第一次报批没批下来，第二次又没批下来，直到第四次1997年12月才批下来，1997年在江阴试销时，产品连批号都没有。

关于价格，最早“胶囊＋胶囊”的定价是18元，但是马上就觉得18元的价格太低了，最后定了38元，后来改成口服液的时候是38元，因为改成口服液后成本就上去了。

当时在常熟做了一个月的市场调查，38元、48元、58元、68元、78元、88元，这么多价格去调查，接受最多的是38元和48元，看来**定价不能片面地光看调查结果，要在调查结果上进行分析，**最后大家讨论价格太低不行，反而觉得不值钱。

后来定在68元与88元之间，最后把88元否定了，原因是我们计算如果要长期服用，每个月的投入是多少，算下来负担比较重。后来算如果是68元，对于除了下岗工人以外的家庭一般还是都能接受。

而那时候我们的产品开始在做临床，发现临床效果非常好，白发变黑的、关节炎治好了的人一大堆。当时那次调查，发现还没有说我们产品没效果的人，产品非常好，所以最后定的是68元。这个也经过十天半个月的反复，最后才定下来。

关于包装。1997年1月我去美国，在美国的超市里看到有一个药的包装非常好，是一个蓝色的渐变，是一个小盒子，界面的颜色非常漂亮，而巨人又是以蓝色调为主，所以当时就把这个盒子给策划部设计。设计第一要大，送礼体积要大，第二个按照我提出的这个风格来设计，后来考虑到我的要求与巨人的风格相距太远，就设计成现在这个样子。

我觉得这个设计的包装界面很好，然后又加了一个彩条，因为光是蓝色就死气沉沉的，加个彩条就活跃了一下。那个包装设计好之后，就用彩色打印机打印，制作出了两个盒子。

然后在常州调查时，让策划部拿着这个盒子到终端点，到药店去，与其他的药品、保健品放在一起，就放一盒，然后在门口调查消费者第一眼看到的是哪个产品。

第一眼没看到我们的产品，我们就改，经过几番修改之后，再调查发现一大半的消费者进了商店一眼瞄过去之后，大多数的消费者说先看到的是我们的盒子，这个包装盒才定下来。

对于消费者来说，往往最先跳入眼帘的产品就是他要购买的产品。后来发现，三盒放在一起最能吸引消费者的注意。

还有一个内容是市调。我们没有钱了，没有失败的机会，很慎重，如履薄冰。中国保健品几乎没有一家成功了一个产品后，第二个还能成功的。原因是第一次成功之前最仔细，后来总没有以前仔细。我们刚开始的时候到农户那里去和他们聊天，了解消费者。归纳、总结，一个村不行，总结，再到另一个村，后来有人就问“你们有货吗？”，我们在锤炼我们的说服技巧。

写《席卷全球》的时候，产品没有定位。现在的定位应该是成功的，我们产品主要定位在延缓衰老、肠胃、睡眠、女性。策略思路：一系列功效靠延缓衰老联系起来。

准备工作中最后一项是写《席卷全球》一书，因为我们收集了大量的有关“脑白金”的素材。

那本书里绝大部分内容都是有根有据、能查得到的。把这些资料汇编成一本可读性很强的书，这本书本身是一本推销的工具，同时又是我们宣传的一个蓝本。基于这个思路我们写了这本书。

这本书花了一个月的时间，我们关在常熟，分几个小组，每个小组写一个章节，除了女性、增加免疫力这两章我没有参加之外，其余的我都参加了。

这本书写得不错，我们发现别人看了这本书后，推销成功率特别高。这是脑白金整个的策划工作。1997年4月至12月我们一直在做这个准备工作。

1997年8月我们策划方案还没有做完的时候，我们就在江阴开始做试销。我们的产品没有批号，但是我们可以生产，我们准备了10万元生产一批产品。在做试销的时候，我们没有给指导，让策划部去做，知道肯定会失败，但还是让他们做，主要是看怎么失败的。

当时我们拍了一个电视片，广告语是吃得香、睡得沉、大便畅、精神旺，很简单；软文是自己写得很枯燥的软文，结果失败了。试销时我去西藏了，回来后已经失败了。然后我们扎根在江阴，开始研究失败的原因。我们那时的做法是比较常规化的，调查失败的原因是软文枯燥、阅读率低。

当时调查，在最大的药店里一天只能卖掉一盒。但也有一个经验总结：居委会比药店卖得好。

失败的地方主要是宣传太大众化，电视广告不吸引人，软文写得可读性太差，版面与广告挤在一起，后面我们说周边不能有广告，都是那时候的教训。

整个活动花了5万多元，买了一个教训。

1998年1月开始启动武汉，开始试销，然后回到珠海关了1个月进行研讨，这时完成了市场定位，最后决定了以软文为主，不做电视。做电视没钱，电视在江阴做得一塌糊涂，又没有效果，所以我们决定用“书+软文”来启动市场。

当时我们想启动一个城市一个月不超过10万元，当时我们就开始组织大家一起写软文，《女人四十一枝花》《一天不大便等于吸三支香烟》《人类可以长生不老吗？》三篇等均是那时做完的，到12月份共7篇软文。

1998年1月，武汉试销，策划方案已基本成形，与我们后面的策划方案差别不是很大。

当时计划在武汉三个月投入20万元作为启动费，因为当时的负责人对巨人集团有很深的感情，对于这20万元的家底不敢动用，所以没有按照原定的策划方案去做，就想省钱。

当时发行最大的报纸依次是《长江日报》《武汉晚报》和《楚天都市报》，前两个媒体太贵，所以没有舍得做，选择了《楚天都市报》，而且版面很小，三个月下来20万元没能用完，基本上是打了一个平手，投入产出1:2左右。这时我们总部开始研讨方案，增加了两篇大的软文。

1998年3月份我们开始启动无锡，负责人是张磊。

在启动无锡时，谈价定为45折，谈成了。这时可能张磊压力大，因为做江阴市场失败了，对于做这个市场没有信心。那时方案和操作手册已经有了，他没有按照操作手册来做，把文章草率地登完了一遍后，就不干了。

4月份我们找来了黄建伟和徐进重新做，他们两个自己搞策划方案，写了一篇更年期的文章，但失败了。后来他们也服气了，回到我们的策划方案上来，但是这样一折腾，这个市场做得不理想。第一个月我们等于从5月开始做，做了15万元，第二个月15万元，第三个月30万元，当时我们觉得做得不错了。我那时带人去调查，发现我们应该成功，因为我们已具备成功的条件了。

7月份开始全面招集人马正式启动市场。这时我们启动了四个地方，三个在江苏——南京、常州、苏州，以及吉林省的吉林市。

在做这个决定的时候我们在无锡开了个会，告诉大家我们开始正式做脑白金。那次开始培训，是第一期培训。当时从北京朋友那里借了50万元正式启动这四个地方。这时策划方案已经定型了，不准更改，搞一刀切。

开始大家都反对，说每个市场不一样，南方北方差异很大，但是我们不管了，即使失败也是总部的，你只要登文章就行了。

当时重要的策划方案是软文和书摘。只要书摘到位，软文谈到价格，按要求登出来，那么就是失败也是总部的责任。

启动这四个地方，策划的方案就是后来全国的启动方案。

当时的方案里是没有电视的，重点就是软文、书摘，还有一些小东西，比如推拉、桌面小POP，除此之外，没有什么太多的。但是因为书摘效果好，因为每篇软文都是精心设计的，所以启动一个就成功一个，没有失败的。

1998年八九月份启动的江苏常熟。第一个月没有赚钱，但是第二个月开始就有可观的利润了，后来就用这个利润去滚。

我们在珠海拍了两部片子，一部是两分钟的专题片，但是效果不理想，后来就停了。

另外又拍了一部就是现在大家都看得非常讨厌的娘娘腔的那个十秒广告，人看人厌，拍了之后，我们总部觉得还可以，但是分公司和办事处看了之后感觉很丑陋，不肯播放。

后来1998年年底和1999年年初春节那阶段，还是在一些地方播放了。那年启动的地方不多，但是销量不错，我们销量已经两万多件了。

春节之后我们总结教训时，好几个地方说这个不能播了，甚至消费者跑到电视台去投诉，由于分公司给我们的压力太大，所以这个广告片就不播了。

这时我们又启动新的地区，因为那时启动的地区是很少的，只有10个省市左右。

后面启动越来越成功，因为我们发现，早期我们只要求当地做一个党报、一个晚报，做的要求也不多。

后来发现我们要做就做到当地阅读率最高的晚报，因为效果好，所以我们就做了硬性要求，随后再进一步扩展到当地阅读率高的报纸，不管三七二十一都上，这是到了策划的最高点。

一般这么做的都很火，当时最突出的是成都、郑州、石家庄、长沙，这几个地方都用了这套方案，能上报纸都上，最后市场火得自己都不知道是怎么回事。

到了那个时候我们的启动方案基本上是定型了，后来没有太大的调整。

但是1998年的春节过了之后，新市场一个比一个好，老市场一天比一天难过。

当时我们想了很多补救的措施，能想到的措施都用了，拍了各种片子，做了各种书摘，但是老市场就是不火，就是一天不如一天。

1999年6月底7月初，在全国会议上，总部又定了一套策划方案，新市场的方案定型了，就按照那个做。

老市场又多了一些东西，一个是10秒的最烂广告，觉得春节卖火了可能还是它的功劳。7月份开始播，那时播不是想做送礼，当时是觉得我们没有品牌广告，总部的想法并不是说这个广告特别好，当时加大书摘、软文投入，写了一些夏季软文，这时总部已经搬到南京了。当时觉得要配合夏季软文总要有一个品牌提示，但是手里没有品牌广告，最好的品牌广告就是那个娘娘腔的10秒广告，尽管说是送礼吧，但它说的是脑白金，所以干脆就做品牌广告。

到了7月下旬，感觉市场不对头，市场在不断地往上升。按道理夏季保健品应该是淡季。

当时分析有几个原因，一个可能的原因是夏季软文在起作用，另一个可能的原因是因为我们改了说明书，说明书上首次加了循环理论，是这个循环理论在起作用，当时没太注意10秒的广告。

7月底开会的时候，大家认为可能还是夏季软文在起作用。江苏几个地方市场动得比较晚，终端走货起来了，但是回款没有起来，所以当时江苏的几个经理还指责我们总部说我们自欺欺人，说市场根本没有动，是你们认为市场在往上走。但是我们坚定地认为市场的确在动。

后来，这几个经理也觉得不对头，因为一开始终端往上走的时候，要货量没有增加，但是终端走了。到了8月初的时候，要货量突然猛增，1999年8月份比7月份增加了50%以上，8月份新启动的市场也不多，当时我们要求七八月份不要启动市场，放在8月底再启动，所以这时候新市场还起不到贡献，到了9月份市场非常红火。

9月份的时候，全国出现断货、抢货。那时好几个市场自己开车到厂里去抢货，当时总部主要的工作是在平息要货的风波上面，所以9月份我们一下子从3万件跳到7万多件。当然这有新市场的贡献，老市场也全火起来了。

这时我们开始注意，市场升温与这个10秒广告起到的作用，虽然这个广告很烂，当年被评为全国十差广告之一，但是我们后来去研究1999年的广告，在商业效果方面这个广告应该说是遥遥领先。

当时我们就策划说春节准备把这个广告猛做一下，春节说不定一个月也能做个15万件。1999年10月份日子不好过，原因是9月份我们全国是大面积断货，而12月份总部硬性要求各个办事处加大投入，当时凡是听话的最后都火了一把，而胆子小的都吃亏了。

当时准备了50多万件货也就是5个亿的货，最后到了春节前还是全面断货，所以1999年如果不断货的话，销量还能大增，至少完成的任务再增加个把亿没问题，主要的功劳还是那个娘娘腔的广告。

但也有一个说法，这与我们在1998年11月播4分钟的专题片有关，说是那个作了铺垫，然后靠那个娘娘腔的广告点燃、引爆，现在有不少人有这个观点，但当时大家是一致否定的，分公司是全部否定，说那个广告片不起作用，但到底是不是起作用，现在也得不到定论。

还有我们1998年10月份搞了一个大赠送活动，这个活动现在看不是很成功，对市场有些拉动，但是投入产出不是很划算。到今年春节取得了历史上最好的成绩，我们最后达到了59万件。

直到1999年春节我们整体的策划方案，就整个启动脑白金以来，总体上来说是顺利的，尽管磕磕碰碰，但是这时候一直是成功的，而且到了2000年1月份我们是完成了21.6万件，就是2.1个亿，到了历史上的最高峰。

2月份的时候还是完成了将近20万件，这一段一直是顺利的，而这一段我们一直是在用一套方案，就是我们的市场启动指导策划方案，当然还有一些修修补补。这个时候到了我们的顶峰，但过了春节一直到现在我们一直是在打败仗，尽管上个月完成了15.7万件，上个月不算失败，但也谈不上成功。因为这次我们的投入加上前期的积累，我们的力度应该是很大的，按道理这个量是不满意的，其他的月份基本上属于打败仗阶段。

问题出在什么地方呢？

我觉得没有出在管理的问题上，产品质量可能前期会有些问题，但是我们的质量一直是这样，最近可能好一点。

问题是出在我们的策划上，就是一个产品导入期完了，下面怎么做，我们出问题了。

这个主要责任是在我们这里，因为从春节到现在，我基本在策划上就没有投入，这样我们的策划这一块就没有丝毫的进展，而且在退步。因为过去我们的启动方案都是精心制作出来的，后来这套方案不能用了，尤其是到了今年之后，延缓衰老不能宣传了，所以我们这套方案整个是不能用了。

新方案与过去简直不能比，差得太大了，所以从春节到现在没有一篇合格的软文，这个大家在第一线也能感觉到。端午节还有几天了，实在不行，通知大家登老文章，没有出一篇软文章。电视广告，我们出了一个姜昆和大山踢苹果的，应该说不成功，也就是说电视广告也不成功。

我们启动周边的计划也没有实施下去，3、4、5、6这四个月的投入又十分巨大，投入产出严重不成比例，导致全国绝大多数的办事处都是亏损的，就是说，策划上不去，马上给我们颜色看。这个时候我们更体会到像我们这样的公司，**在产品决定下来之后，策划是一个企业的灵魂。**

所以在上次的分公司经理会上，我们把这个苦恼跟分公司经理说了，说这个策划老是上不去，怎么办？

然后我们征求分公司经理的意见，通过投票表决，觉得我们应该在全国各子公司建立策划机制出来，来弥补我们总部较低的策划水平，所以才导致了今天我们有这样一个培训会。

就是说，从现在开始，我们要各个子公司先做策划，总部也做策划，然后子公司的策划报上来之后，和我们的策划方案进行比较和糅合再出正式的策划方案，就是说，以后的策划方案，最早要各个子公司来出。当然同时我们也要对我们总部的策划部门进行一些改造，要强化我们这一块。

2000年 脑白金干部培训班上的讲话

第五章

我对网络游戏策划的体会

· 策划在网游行业的地位

· 玩家需求的八字方针

· 任何游戏都要闯“三关”：印象关、尝试关和无聊关

· 游戏策划方面如何管理

· 如何处理游戏里的几大关系

策划在网游行业的地位

我和大家谈一下我从事网游行业，尤其是策划这方面的体会。我相信，这些来自于实践的体会绝大部分都是正确的，但也难免有错误，如果有错的地方，希望会后大家可以给我提一提，也让我能够不断地提高。

我的体会还是基于MMORPG类（大型多人在线角色扮演游戏），因为我们过去所开发的两个项目都属于这一类，这一类的观点和论点不一定适合其他类别的游戏，如休闲类等，其他类别的游戏可以作为参考。

网络游戏最重要的是游戏性

一款网游，最终能获得多少利润，最终能获得多少在线，最重要的因素就是游戏性。其他的因素如营销等也很重要，但最重要的决定性因素还是游戏性。

一款游戏的游戏性只要到了一定程度，它就一定会成功。也就是说一款游戏的游戏性就是金子，放到哪里都会发光。所以我们在游戏性上面的思想一定要统一，不能有欺骗消费者的想法。

其实消费者是最难欺骗的。

在脑白金的时候我就说过这样一句话，**人类从猿进化到人，最难欺骗的就是消费者，消费者是最精明的。**哪怕只是临时的一次欺骗，作为企业也是会最终得到报应的。比如脑白金，没吃的人会说我们骗人等等，进行语言性的攻击，但真正吃的人是真的觉得有效，他当天就能睡得很香，这就是产品的基础。脑白金已经卖了11年了，每年的销量还在上升，它靠的就是产品好，的确有效。

对于我们游戏来说，它的游戏性就相当于脑白金的产品。

因此游戏性是决定性因素，我们的这个思想要统一，不要把精力放在其他的地方。

只要你把游戏性做起来了，很自然地，你的产品就会获得成功。

巨人在策划上花的精力最多

我们公司程序部门和美术部门有人提意见，说太重视策划了。比如我召集的会议，只要是和产品有关的，参加的大部分至少90%以上都是策划。

其实，我并不认为策划比程序和美术重要。但为什么我召集的会议基本上都是策划呢？

如果把一个网游产品比作一个大楼的话，程序就相当于基础，它的土建结构，它的桩基、平台、梁、柱子。如果没有这些，这个大楼就撑不起来。

如果程序不合格，这个楼就是一个危楼。从这个角度说，程序是最重要的，是必不可少的，质量必须是高的。

而美术则相当于它的装修，远观这个楼怎么样，进入这个楼的装修怎么样，这个楼的里里外外也是非常重要的。

如果一栋楼只有框架，连玻璃幕墙都没有，又怎么能办公？因此美术也是非常重要和必不可少的。

策划则相当于这栋楼的设计师，这栋楼长什么样？用什么材料？用什么结构、什么颜色？这些设计都是策划的事情。

如果策划做得不合格，在结构设计上就有问题，那这栋楼也是危楼；如果外在设计上做得不好，那这栋楼就会很丑，用的材料也许是最贵的，但出来的效果却很低档。如果设计得不合理，一个100平方米的建筑面积，可能最后的使用面积只有20平方米。因此设计的人也很重要。

从某种程度上来说，我觉得这三大块分不出谁重要、谁不重要，都是平等的。

但为什么我们公司在策划上花的精力最多呢？

因为我们国内的网游行业，程序和美术方面不比美国的差，甚至很多美国公司的美术都找中国来做外包，但我们的策划和国外比却差的不是一点半点。

拿中国和美国的策划来比，美国的策划思路就很开阔，经常有一些好的点子冒出来，我们中国则因传统文化的影响，思想比较禁锢，不容易打得开，因此策划就有差距。

另外，在韩国、日本及很多西方国家，游戏发展历史比较长，已经形成了自己的一套教育体系，在很多大学就有游戏这个专业，培养出了很多科班出身的人才，而我们中国是没有的。

我们中国的策划又和程序是不一样的，程序是有这个专业的，而我们的策划有哪个是从策划专业毕业的？很多是改行半路杀进来的，并不具备策划的基本常识。

有很多是学校里不好好学习天天玩游戏的“坏学生”，下定决心要将自己的一生献给网游，他有激情但缺少训练过程，没有理论特别是实践的训练过程，因此不光是我们，而是中国整个网游行业的策划水平都很差。

如果把我们公司比作木桶的话，策划就是最短的那块板。

尽管程序和美术有这样那样的问题，但比策划的那块板还是强。

现在策划这块板的长度甚至还不到程序和美术的1/2或1/3，因此一个公司的发展就被策划给制约住了。

不要因为公司很重视策划，程序和美术就吃醋，你应该感到欣慰，因为你比他们强。

因此以后大家还是要通力合作，策划、美术、程序三个一个都少不了，程序和美术还要多提携提携策划。

玩家需求的八字方针

对这一点，我总结了一个八字方针：荣耀、目标、互动、惊喜。

如果列玩家的需求，可以列十几二十条，甚至更多，但经过筛选和我的体会，及我与小刀、学锋[1]等人的探讨，我们最终留下了这四条。如果能把这四条做到，从我们目前的水平而言，我们觉得就已经够了。

但这四条我们能做到的可能性也不大，尽管只有四条。因此我们要聚焦，将所有的精力都放在这四条上面。能把这四条做好，我们在中国网游业也就能出类拔萃了。

① 巨人网络副总裁丁国强、巨人网络总裁纪学锋。

荣耀

根据马斯洛理论，人有五大需求，从重要程度上来排，第一个需求是生理需求即吃饱饭；第二个是安全；第三个是社交，如亲情、友情、爱情等；第四条是尊重；最后一条是自我实现的需求。

从这个角度来看，来玩游戏的人首先不是为生理需求，也不是为安全需求，社交需求也有，但由于网游的特征，本应该将它列为第一需求，但我没有，我列的是荣耀，这是为什么呢？这就是网游的特征。

一个人从网上找的爱情和现实中找的爱情是有差距的，现实中你看到喜欢的异性会发光，游戏里你会吗？不会。亲情更加谈不上，友情是有的。这和我列的互动是有关系的。

但第一还是荣耀，也就是第四个追求，这也是玩家来游戏里的第一需要。**玩家来游戏里内心深处第一的需要其实是想获得其他人的尊重，要获得荣耀。**

荣耀到底有多重要，我打个比方，做房产的人经常说的一句话，投资房地产，最重要的第一是地段，第二是地段，第三还是地段。**做网游也是这样，满足玩家需求，第一是荣耀，第二是荣耀，第三还是荣耀。**

我们应该把荣耀作为玩家的首要需要来满足。

我们在游戏里经常能看到，一个装备很好的玩家被人称呼为偶像的时候，心里其实是非常高兴的。一个平时没什么价值的小号把一个大号救活，大号感谢他的时候，这个小号能高兴十分钟，会觉得自己很重要。

还有打群架的时候，只要国王在，都不打其他人了，专打国王，因为打好国王可以上电视。

还有一种情况就是和盟国的国王在一起的时候，小号经常说，国王，让我杀一次吧，因为我想上电视。这就反映出他内心对荣耀的需求。

在《征途》里，一旦有本国的镖车被劫，那些大号会奋不顾身地去保护那些小号，去救镖。

为什么会去救镖？大号需要自己花钱买竹蜻蜓，救好之后在利益上对自己也没有任何好处。你分析他的心理，其实他就是为了满足他的荣耀，被救的人的一声“谢谢”就让他很高兴。如果遇到一个识相的小号再刷一下屏，说：“谢谢××救了我的镖。”他又会开心十分钟。所以到游戏里，不管大号小号，玩家内心最渴望得到的就是荣耀。但我们的策划却缺少这个思想。

如果意识到这一点，我们的策划在做功能的时候，首先想到的就应该是，我目前做的这个功能是否能最大程度地满足玩家对荣耀的需求。如果有了这根弦，我们绝大多数，2/3的功能都能够不同程度地满足玩家对荣耀的需求。这个只要你重视了就完全能够做到的。

之所以我们目前90%的功能没有给玩家带来荣耀的满足，并不是因为做不出来，而是因为我们没有这根弦。

过去我们包括我自己在想到荣耀的时候，总是会首先想到大号，装备好的玩家，国王、当官的这些玩家的荣耀，我们忽视了小号这些玩家的需求。这些小号和大号一样，来游戏的目的都是为了荣耀。

在过去的很长时间，我，包括我们的核心团队都没有注重这一点。一旦小号荣耀得到满足会比大号更加兴奋。

我们中国大多数游戏都不重视小号的荣耀，如果我们做到了，那我们的非人民币玩家，我们的在线人数就会得到大量的增加。因此，在此特意要提出，除了大号，我们今后对小号的荣耀要给予特别的重视。

只要重视了，荣耀问题是能够得到解决的。我们一定要统一思想，把荣耀作为玩家的第一需求。

在这里，我要说个事就是我们的上电视，从它推出到现在，效果一直都非常的不错。当我们的电视单为荣耀服务的时候，我们电视的作用还是很大的。

上电视是很简单的事情，只是在屏幕的地方说一句话，但玩家还是很在乎的。这是我们的一个小小的发明，但它在满足玩家需求的方面远远超过其他很多功能。由此说明荣耀对玩家来说是非常重要的。

我们要把玩家对荣耀的需求作为玩家的首要追求来看，同时要把荣耀作为策划工作的一个重要环节。

任何功能都要过一个荣耀关，尤其是小号的荣耀的满足。

目标

单机游戏和网游一样，都有对目标的要求。

单机游戏中，目标是最为主要的，如果目标都没有的话，那这个单机游戏则是彻底失败的。相对而言，做过单机游戏的人对目标的体会会更加深刻。

在我们的策划队伍中，做过单机游戏的人几乎没有，因此我们相对来说，对目标的管理不是很重视。

没有目标管理系统就没有单机游戏，而网络游戏是从单机游戏发展来的，所以单机游戏的基础是必须要保留的。我们现在正缺少并需要补上这一课。

目标又分为短、中、长期目标。短期目标是持续时间很短的，如玩家接到一个任务打20个怪，那么打完这20个怪，得到奖励，这个短期的目标就实现了。

中期的目标又是哪些呢？如我的包裹不够，我要增加就要努力，可能需要努力几个小时，甚至一天，我就可以把我的这个需求满足，这就是我的一个中期目标。而长期目标则可能是升级、装备等等。

对玩家来说，在任何一个时间节点上，都应该有目标；在任何一个时间节

点上，都应该短中长期目标三者同时存在。玩家一旦失去目标，那就是非常危险的。

如果玩家上线感觉没事可做，其实就是玩家没有目标了。也许策划会说，我已经给他设定很多目标了。这些目标都是从你策划角度出发的，可能因为策划水平的问题、数值不合理的问题、细节没有优化好的问题、难度太高等问题，从玩家的角度而言就不是他的目标。因此策划是不能代替玩家的。

只有策划做好了，玩家接受了，那玩家才会将你设定的那些作为自己的目标。一旦出现玩家上线感觉没事可做，那离这个玩家走就不远了。因此**目标管理也是关系到游戏成败的一个关键。**

我讲一个《巨人》去年9月份的一个版本在目标管理方面失败的案例。新手的目标还可以，一个小时之后升到民兵，玩家可以直接到NPC[①]那边领取游泳、跳舞、开锁等技能。这些东西原本可以在前一个星期作为玩家的中期追求来满足，可是却在一瞬间全给了，而在接下来的一个星期没东西可以给他了。这就是典型的目标管理混乱案例。

正确的应该是怎么样？

作为一个目标是有流程的，第一是应该制造压力，如就包裹而言，就应该让对应级别的爆率上升，让他好东西都放不下，这个时候告诉他，你要去接一个大任务。这个大任务包括十个小任务，把这十个小任务都做完之后，你的包裹就能够增加。压力制造了，让他感觉到压力的价值，然后给他一个中期目标，告诉他你只要再努力几个小时，这个努力的价值就能够得到。在努力的这几个小时内，玩家就不会离开，因为他的目标很明确，因为有一个很有价值的东西在等着他，即使夜深也不睡觉。

在这个阶段中，我们就可以根据价值的大小设置努力的时间，有强烈目

---

① 非玩家控制角色。

标的时候，玩家打怪不会有怨言。一旦目标达成，玩家就有一个压力的释放，就会很开心。最好这个喜悦得到后，不要马上停手，而是让他回味一下，如包裹，他就可以马上把很多不想丢的装备都放进去了。

再比如游泳，如果一上来就告诉他你可以游泳，他不会觉得有什么。如果一开始有一个任务总是需要到河对岸去做，总是需要跑大半个城去到河上的某座桥过去，十次八次之后，你告诉他，你可以学游泳，直接游过去，这个时候游泳技能就会变得对他非常的有价值。

这个时候，你告诉他你要学会游泳，必须去完成一个有10个小任务的大任务，共需要两个小时，玩家也会很开心地去做了。

游泳学会了之后，你在安排下个任务的时候，就要让他继续体验，要他继续到河对岸去做任务，把压力释放，体验到游泳这个技能的价值。

因为，一年之后，玩家可能对游泳这个技能就会变得不在乎了。因此，刚学完之后，要让玩家集中享受一下游泳这个技能的价值。

这两个案例是想说一下目标设计的过程和目标的重要性。

关于目标，还有三点需要给大家提示一下。

第一，也是我们策划经常发生的。策划觉得每个时间节点都给玩家设定了目标，但玩家调查却发现，玩家将这些目标都当成了累赘。不夸张地说，我们九成以上的功能都是这样的现象。

就是说我们喜欢用自己的思维去判断玩家的思维。这就要求我们的**策划要站在玩家的角度去做事，为对方设定目标的时候，要通过各种方式来了解玩家的需求**。这个要引起我们策划的普遍重视。

第二，一旦一个目标达成之后，玩家会有一段时间的失落感。因此，在上一个目标达成之前，新的目标一定要确立出来。玩家不能在任何一个时间出现目标缺失和断档。

有一个玩家花了500万做了几套15星装备，花了1个月以上的时间，做装备的时候天天上线，很努力。做完这些装备后，不上线了，不玩了。

做这些装备之前，他有很强烈的目标就是做装备。而目标达成后，他失落了，一个月没上线。虽然这个例子不具备普遍性，但这个道理是具有普遍性的。就是因为他目标达成之后，新的目标没有帮他树立起来。这个失落阶段非常危险。

第三，一定要通过压力制造出目标的价值。

同时，什么时候设目标，什么时候给他价值，需要多久的时间，这都需要一个合理的管理。我们目前使用的黑点图就是很好的办法。

互动

单机和网游最大的区别就在于互动。

网络游戏就是拥有游戏元素的社区，从它的定义上来说，完全可以看出网游互动的重要。

如果没有互动，那就是一个单机游戏而非网络游戏。网游中的玩家和单机游戏中的玩家的追求也是不一样的。

友情的需求在网游中是存在的，仅次于对荣耀的追求。对我们研发人员而言，能做的有两个方面：第一是玩家交互的方式尽量满足，过去通过语言、文字，现在发展到语音系统。

除此之外，我们还应该尽量提供其他的多种交互系统，比如表情、肢体等。我们的程序和美术应该在这方面多琢磨琢磨，把玩家的交互系统进行丰富。

第二就是引导。通过利益引导让玩家之间的关系更好。有难同当，打BOSS就是要几个人来打，BOSS我觉得就是要强，朋友在打的过程中，关系才会越来越好。我们要有意地设计几个好朋友去有难同当、有利同享。

另外，仇恨也是一种互动，我们要制造玩家之间的仇恨。但国家内部的仇恨要尽量少制造，因为处于劣势的一方很容易被强势的一方打跑掉，打得不玩了。因此仇恨尽量多地要使用在群体之间，比如国与国、帮派与帮派之间。

群体之间的仇恨越多越好，这就看你自己的能力了。群体间的仇恨不同于个体间的仇恨，优势方会有很强的荣誉感，劣势方的个体也不会因为群体的弱而出现大面积的离开。因此我们要引导玩家之间的爱和恨，恨才会给玩家带来激情。如果没有爱，则玩家不会有归属感。

我们的策划应该有这样一个流程，在设计任务的时候，要考虑到玩家之间的互动，让玩家爱到什么程度、恨到什么程度。《征途》在国与国之间的恨处理得不错，但在爱的方面处理得很差，这样就导致我们在外面的名声不是很好，说杀戮太重，因此如果爱设计得很好的话，不仅玩家有归属感，我们还有很好的声誉。

像之前的《传奇》打怪是唯一的升级途径，打怪说白了就是耗玩家的时间，是人机互动。

随着网游的发展，应该更加重视互动。花一定的时间，人人互动肯定要比花一定的时间人机互动更好。在过去，人人互动做得不多，《征途》已经上升了很大一块，把人机互动比重已经下降很多。

我认为，**人人互动将会成为以后网游发展的方向，**玩家也会更加喜欢。升级方式的改变我们要予以关注，我们要跟上潮流。

互动方面，我们《征途》和《巨人》都有一点没有做好的地方，那就是强者与弱者之间的互动。我们的互动往往局限在高手与高手、弱者与弱者之间。

其实玩家不仅需要横向，也需要纵向的互动，这方面我们曾努力过，但几次都失败了。我们曾在两个方面努力过，但都失败了。第一就是师徒系统，这就是想解决强者与弱者之间的互动，因为弱者更需要保护，强者需要弱者来给他利益。但我们设计过几个方案都失败了，可也有游戏做得不错，因此并不是师徒系统它设计不出来，而是因为做这个项目的人水平不够或者说不够努力。

第二就是带新人没做好。**带新人是非常重要的，一个带新人系统如果做好可以超过1个亿的广告费**。它的基本原理是好的，是必需的。

玩家觉得好玩就要去拉他现实中、网络上的朋友来玩，这个基本原理是对的。这个远远比我们的广告要好很多。因为**玩家最相信的是他的朋友而不是厂家广告。**

如果这个系统做好，意义是非常重大的。而过去为什么我们没做好呢？是因为我们没有把工作做细，被玩家耍。因为他带的新人并不是新人而是他自己的小号。

以前带新人是通过打怪，是可以用外挂的，一个人可以带几十个小号。如果我们让他去做刺探，小号就不能做了，如果让他去运镖，路上有劫镖的风险，他就没办法用小号了。

我们将功能做一个筛选，有的是可以用机器来完成的，那就不能作为判定他们带与被带关系的标准。有的是不能用机器来完成的，玩家都会去做的，这些随便选几条出来就可以让带新人这个系统大热。

《梦幻西游》从公测的五万到现在的上百万在线，最重要的就是它的带新人系统。而《征途》的带新人系统，我们不能因为有了一些问题就将这个系统放弃。

惊喜

惊喜其实就是随机性。它的地位也是非常高的。

我有这样一个结论：**没有随机性，网游就没有耐玩性；没有随机性，就没有游戏。**分析一下，人类所从事的所有活动，都有随机性。只要是游戏，比如打麻将。据说成都打麻将的劲头，全国人都钦佩的，而麻将这个游戏的最大特点就是随机。

俄罗斯方块也是这样，因为你始终不知道下一个出来的会是什么形状，这也是随机。赌场也是，如果没有随机，就不会有人那么热衷了。因此只要是游戏，就有随机性。[①]但我们几个项目的策划们对随机性却不够重视。

如果我们的随机性做得好，就像打麻将一样，即使不赌钱，即使任务的回报很小，但只要过程好玩，玩家还是很乐意去玩的，享受的是这个过程。

如果我们的游戏可以做到没有经验、没有金钱，大家都很喜欢去玩，你再给上经验、金钱和各种好处，那这个游戏不就是一个好游戏了吗？

为什么打麻将好玩呢？

因为它除了随机还有努力。

随机和努力碰撞在一起时很微妙，会起化学反应，会给玩家强烈的吸引力。纯随机也不行，就如打牌，大家都发完牌后，大家都亮牌，谁点高谁赢钱，虽然随机但不好玩，因为它不需要努力。

麻将除了随机还需要努力，现实中的游戏是七分随机三分努力，玩家玩得比较疯。网络游戏我觉得四分努力、六分随机是一个比较合适的比例。

如果实在做不到，哪怕五五开。但我们的游戏功能，一半随机是0，努力100%；一半是1分努力，随机99%。以前我们的策划没有注意到随机的重要性，尤其没有注意到随机和努力叠加在一起才是游戏的最大魅力。

我举去年9月份《巨人》里一个失败的例子，就是拉车。有玩家提意见说为什么我总是拉白车，别人都是紫车。我们的策划就听取了玩家的意见，就消灭了随机性。

本来玩家之前还有企盼，取消了车之间的差距后，再一看，没人来拉车

---

① 史玉柱认为，随机性会严重影响用户每天上线的游戏体验情绪，好事会让他更乐于愉快地游戏，坏事会让他有冲动在游戏里弥补。

了。后来又改了回来，改回来后，拉车的人气又起来了。这个例子说明，随机性是非常重要的。

大家可以想想我说的这两句话：人类所有的游戏都是需要随机的。没有随机，一切游戏都将不复存在。

随机和努力如果比重能够处理好，将会使游戏的游戏性大幅度上升。

任何游戏都要闯“三关”：印象关、尝试关和无聊关

第一关：印象关

玩家开始建号的前4个小时。在这个时间里，玩家的关注度在哪里？玩家并不重视自己的装备，不注重自己的数值，尤其是在前15分钟。

玩家首先在乎的是图，第二是上手是否容易，第三是音效、人气等。这个时候玩家的注意点和玩一段时间后的关注点是非常不一样的。

图为什么是最重要的？

玩家进入游戏的第一点就是图，他首先关注自己的角色是否漂亮、动作是否好看、界面是否漂亮，这个时候的第一印象都在图的上面。

既然这样，我们的任何一款游戏，要去满足这前15分钟的需求，即使是最烂的美术，也是可以做到的。

你可以去调查一下，进入游戏5分钟后的玩家，他的关注点都是图。而半年后的玩家关注点都是数值，图什么样已经不在乎了。

《征途》新手村的角色是最丑的，我问美术为什么，美术说：“只有这样才能吸引玩家赶快升级，因为角色越到最后越漂亮。”我说：“这绝对是谬论。”

因为前面图难看的话，玩家压根不会想往后面升，前15分钟就已经流失掉了，因此要把精华往前面放。前5分钟，前15分钟，前1个小时，前4个小时。

根据自己的特点，把最美的图展示给玩家，而不是在流失之后才展示给他。

随着玩家玩的时间每长1个小时，他对图的关注度就下降一点。所以**有限的美术资源应该把精华都往前面集中，**如果你能做到前面漂亮后面漂亮，那是最好的，但如果美术资源有限，那就尽量往前面塞。

第二，上手为什么重要?

前面图还是美术的活，而上手则是策划的活。

其实**让玩游戏的老手上手不难，最难的是让新手上手。**有两类人上手最困难：第一类新手。他不知道从哪里下手，他问的问题，我们策划都会嘲笑，这么幼稚的问题，你也问得出来？但玩家是没错的。新手，上手是很难的。

目前，《巨人》比《征途》相对容易上手一些。《征途》刚开始推的时候，我们在上手方面还是领先的，现在则属于中等偏下了。第二类过去玩的不是我们这个类别游戏的玩家，玩梦幻、天龙、劲舞等游戏的玩家比较上不了手，但玩《传奇》的上手容易。因为我们的游戏是沿着《传奇》《英雄年代》《征途》这条线下来的。这是因为我们过去没注意，其实我们注意的话，完全可以做到让玩其他游戏的人都上手。

在上手方面，我们有两大不足，我们的游戏特别是新游戏要特别注意，要让没玩过游戏的人和玩其他游戏的人快速上手。

我们应该找二三十个没有玩过游戏的人来玩，策划在旁边一句话都不说，他不问，你就不说，观察他的反应，第一个点什么，第二个点什么，然后去研究，找规律，根据分析的结果去修改自己的设定。据说国外的游戏公司一找就找几百个，进行录像，然后对录像进行分析，然后来设计界面。

上手和美术在前15分钟起关键作用，因为这两点不玩的玩家量还是很大的。至少《征途》和《巨人》有一大半人在这段时间走掉。

在这段时间流失的玩家是非常可惜的，相对后面的大功能，这些都是很小的修改，但这却能留住大量的玩家。

第二关：尝试关

4个小时后到前两周，玩家的关注度已经逐渐发生了变化，因为游戏的功能已经全面向他展开了。这个时候，装备、级别开始被重视了，玩家之间的互动也开始了。玩家需要接收的内容应该是全方位的。

在前两周，如果去调查，问玩家是否永久玩下去了？绝大多数玩家的回答是："我看看。"这个时候的玩家并没有真的下决心留下来，他在思索这个游戏是否真的值得自己玩下去，这个时候的玩家并不真的是你的玩家。而我们的策划有这样一个误区，觉得这个时候的玩家已经是自己的玩家了。其实这是自作多情。

在尝试阶段的玩家最关注的就是细节。

因为有相当比例的玩家是玩过其他游戏的，你现在展示的东西大部分是其他游戏都拥有的，你有而别人没有的东西并不多。玩家就是在观察和比较你的这个功能和他玩过的其他游戏的同一个功能哪个更好。

如果你做得比其他的更好玩，一个两个三个这样积累下来，他就会说这个游戏好玩，然后就会留下来。而如果玩家一旦下定不好玩的结论，那你想改变是不可能的，因为他想走，他对自己的角色还没有感情，一旦不好玩，他还有什么理由留下来呢？

因此这个阶段展现给玩家的各项细节非常重要，如果能创新、能有特色更好，如果我们暂时没有那个水平，我们能做的就是把细节和过程做得好玩，这样才能把玩家留住。

这两周里，还有两点需要提示。

首先目标的设定非常重要，因为这个时候的玩家是非常不稳定的，在这两周的分分秒秒都要给他树立一个强烈的目标让他往前走，这个时候的目标管理比后期更加重要，对目标的要求更加高，这也是目标管理最重要的一个阶段。

其次要通过利益引导让玩家融入社区，建立好朋友。

我们之前建立的只是萍水朋友，而不是让玩家去按照好朋友的目标来努力。**一个游戏没有好朋友也是非常危险的，我们应该利用压力、利益来撮合玩家建立好朋友，**这种手段只要你想还是有很多的，只要你重视到这一点。

到尝试这个阶段，如果我们的玩家能幸存40%，那是应该发奖赏的。

前面两关，其实要实现还是很容易的，只要我们努力。不能轻视第一、第二阶段，因为这两个阶段的投入产出比例是最高的。

第三关：无聊关

两周以后，我观察过，在游戏里面，玩家在走之前，说得最多的一句话就是无聊，没事做。所以一款游戏玩家一旦感觉到没事干，下线不想上线，那玩家基本上就是准备走了。

第一关第二关还是工作量的问题，第三关就是策划水平的问题了。这一关一旦过了，那这个游戏就是成功的游戏了。

很多的游戏都是大作，知名度都很高，但最后都失败了。究其原因，大部分都失败在这一关。

前两关靠努力是可以实现的，这些失败的游戏统一的特点就是玩家在中后期感觉到无聊，没事情做。因此**游戏要成功，就是要闯过无聊关，让玩家充实，有事情做。**

你去调查梦幻、天龙，玩家喊无聊的比重就很小，后期人数能够上多高，就看玩家喊无聊的比重能降到多低。

为什么玩家会感觉到无聊?

主要有两个方面：第一是玩法。玩家喜欢的是千差万别的，你要满足玩家的需要，首先就要求你玩法的种类比较多。

《征途》当时的指导思想就是大百科全书，就是功能多。《巨人》的功能就不到《征途》的1/3，它的玩法就相对很少。因此《征途》当年的成功与它大百科全书的玩法是有很大关系的。因此供选择的玩法一定要多。

第二是玩法不少，好玩的不多。

也有很多玩法很多的游戏最后却失败了。是因为它设计的玩法不好玩，只有策划自己认为好玩。这种也会导致失败的结果。玩家不觉得好玩，他还是会觉得没事干。

其实想让**玩家感觉到不无聊，有两个方面是很有帮助的：一个是随机性，一个是互动性。**

这两个方面如果做得好，在减少玩家感觉无聊方面还是非常有帮助的。

在线人数多少取决于游戏性，把这三关闯过去，我们的游戏就不会差。

游戏策划方面如何管理

二次策划

这个是我根据我们之前策划存在的问题所提出的概念，没有哪本教科书上这么说过。因为我发现我们的策划大致的流程是这样：拍脑袋—文档—交给美术程序去做—调试—分测区，问题是放到分测区之后他就去做新的活了。

之前我们几个研发团队都这个习惯，放到分测区，策划就认为他的工作已经完成了，这样就造成我们的策划里头90%都是失败的。像《巨人》推了很多的功能，都是失败的，多数的功能都是推翻重做，再推翻重做。如果一个功能只被推翻过三轮，那这个功能是幸运的。

为什么这么高的失败率呢?

策划把这个功能推到分测区之后，我认为他的工作只完成了三成，后面的策划工作我称为“二次策划”。

第一、第二次策划最重要的区别就在于第一次策划是拍脑袋拍出来的，而二次策划是玩家在看的。

一次策划成功的实际上很少，几乎没有，因为我们毕竟还不了解玩家。放到分测区，第一次和玩家见面，这个时候才是策划的真正开始，你这个时候才能得到玩家对这个功能的感受是什么？是过程，还是数值经验的吸引呢？我们的数值以前是拍脑袋的，绝大多数是不合理的。只有玩家进来后，你去做了调查，才能得到相对合理的数值。

天龙的宝宝系统是它的负责人亲自去调的，最后他调到了千万分之一的准确度，这是在放玩家进来之后调。你如果只是在脑袋里去想，你能调到千万分之一吗？确实在很多关键的地方，数值是起着决定性的作用。

再一个是玩家能否上手、操作界面是否舒服等，这些也都是要通过玩家测试后，你才能感觉得到。

另外你策划的时候，已经在构思一定要满足的四大需求目标，但这四点你是否已经做到了呢？你应该去玩家中看一下，去游戏里看一下，只有真正和玩家接触了，你才要开始思考。我认为这绝对不是策划的结束，而是策划的开始，一次策划是序曲，二次策划才是真正的开始。

我经常讲有两句话，第一句话是：**好游戏是改出来的。**

改就是在玩家一边玩的时候你一边做修改，好游戏很少有拍脑袋拍成功的，它是有了玩家之后一点点改出来的。

另外一句话是：**测试前慢不得，测试后快不得。**

测试前你的想法是不成熟的，所以一定要快，你能用一个星期做完的就不要拖到一个月来做，因为这个过程中真正有效的东西不多，所以一定要抢时间。一旦把这些功能放到测试区后，就不能求快，而要按部就班，一次次修改，没成功之前不能离开测试区。

而我们之前并不是这样，测试区没跑过几次就全区更新了。这是在走钢丝。

在测试区没有成功之前，坚决不能走下一步，坚决不能全区更新。所以测试区快不得。在测试区中，我们特别是责任策划一定要自己去和玩家沟通，自己亲自去调数值。这个数值的决定权应该放在责任策划手里，应该他自己去调。

《巨人》就有这样的问题，策划不管数值，所以《巨人》的数值是少有的达到荒唐的水平。

天龙的老板都自己去调数值，作为责任策划的你最了解情况，去调数值一点也不委屈你，你调才是最科学的。另外，此时的电脑也应该记录一些有利于开展策划工作的数据，比如一个功能有多少人在玩、有什么级别的人在玩、真正上线的有多少人在玩，一个准确的统计是对策划有很大帮助的。

这些数据都收集完毕之后，就需要开一个二次策划的正式会议。责任策划来召集，根据电脑统计、玩家反馈，策划开始二次策划的第一次策划会议。

这次的策划会远远超过第一次的拍脑袋策划会，因为你这个时候已经有了第一手材料，因此做的决策也往往是正确的，至少成功率大幅度上升。这样的程序反复几次，直到成功了，才去进行全区的更新。

所以二次策划的重要性和所应该花费的精力远远超过一次策划。

一把手要抓细节

别看细节是很小很不重要的活儿，和一把手没什么关系。现在，我来分析一下一把手抓细节的必要性。

细节为王

网游现在同质化现象越来越严重，大家拼的就是细节。细节为王的时代已经来临，即使你有细节，那也要做到极致。战略上藐视敌人，战术上重视敌人。**战术其实说的就是细节。**

你看暴雪和EA，暴雪做的游戏几乎都挑不出什么毛病，你再看EA，比暴雪大得多，钱也多得很，但EA的产品很容易被挑出毛病。单单从游戏的利润来看，EA其实是亏损的，但暴雪有丰厚的利润。这样的差异其实是由两家公司不同的文化所导致的。

再看《征途》，其实是非常重视细节的。我一直也在抓细节。[①]梦幻和天龙的细节也做得非常的好，当然我们还不能和暴雪去做对比，但相对比其他游戏就做得成功得多。

再看反面的例子，你看金山，它的研发能力是最强的，团队人数也是最多的，但它没有一款游戏是成功的。从它的游戏来看，就有一个共同的问题，那就是细节做得不好、做得不够。

再看《征途》和《巨人》，《巨人》开始时，我就布置给他们说，你看《征途》哪些功能是玩家喜欢的、成功的，你全部给我抄过来。

《巨人》也全部都一个不落地抄过来了，结果是全部都失败了。为什么《巨人》就失败了呢?

是因为《巨人》的策划觉得原封不动抄过来，体现不出自己比《征途》的水平高，然后就做了一些小改动。就是这些小改动改坏了。要知道《征途》的这些细节都是经过长时间的优化得来的。《巨人》就是在这些细节上，所有抄的功能都没有做优化，以至于最后都失败了。

《征途》的搬砖、刺探等成功的功能都在《巨人》里有，但获得大成功的一个都没有。这个例子就很说明问题了，同样的功能，就是因为细节没有优化，所以结局就是失败的。

通过这几个例子，我们就可以得到这样一个结论：细节为王。如果细节没做好，最好别投放市场，一投一个死。

细节包括很多，可能是一个界面、一个数值、一个设定。别看它小，在几十万个玩家面前，其实没小事。工作量很小但绝不是小事。

---

① 据巨人网络副总裁丁国强介绍，史玉柱对细节的追求会具体到一个按钮上的文字，究竟是“完成”还是“结束”。

一把手要抓策划的重要性

为什么一把手要抓细节呢?

第一，细节太重要了，尤其是关键环节的细节。数值自己去调，自己去设定。关键环节的数值不能有偏差，关键环节的设定不能有问题，一定要做到极致。如打怪的爆率，可能差1/1000，就会造成很大的不平衡。

一把手抓细节，可以有效地减少项目所承担的风险。

第二，模范带头作用。一把手都重视细节了，下面的策划很自然会不自觉地去重视。如果一把手马大哈，下面的人也会和你一样，那这个项目就完了。

一把手要抓细节，能让细节为王落实到行动中来。

回顾我20年的下海生涯，也有上坡和下坡。恰恰这20年里有三个时期我是抓细节，自己亲自干的。

第一次是1989年，没钱没人，公司产品100%的代码都是我自己写的，所有的广告都是我自己写的，每个标点、每个字、每个设计都是我干的。那时，不管是否愿意，确实是自己抓细节，公司就发展起来了。

到1992年，公司已经有了十几个研发人员，公司的产品六成的代码还是我自己写的。为了提高效率，凡是使用效率高的、重要的都加入统计，全部使用汇编来写。这个阶段，我们公司从零到了几百人的规模。

1997年，我们公司失败了，我又放下了架子。每个广告文案全部我自己写，管理手册全自己写。所有分公司直接向我汇报工作。全体员工没有经过我的脑白金产品测试不能上岗。

包括跑市场，70多个城市，跑终端，没有上万，但绝对不低于5000，那时至少三年的时间就是抓细节。

第三次就是我接手巨人网络的时期。正因为我不懂网游，所以我才抓细节。我每天待游戏里的十几个小时，就是在观察细节，虽然我不能解决，但我可以观察。

回顾这20多年的历史，也只有这三个时期是上升的，其他时期要么是平稳，要么是小进步，所以抓细节还是非常重要的。我希望我们的策划放下身段，真正重视细节，把细节为王体现在行动上。

决策民主

在策划和学术性问题面前，没有专家和领导，大家应该民主。内容和策划决策的确定应该民主，靠投票。

这个时候领导要放下官架子，任何一个项目应该由集体决定。即使不能保证百分百正确，也会降低失败率。而且决策的时候应该拉着程序和美术，一起进行表决。

责任人制度

任何一个项目和功能都应该有明确的责任人。一次策划、二次策划、最后收尾的奖罚都应该是一个人负责。

定量管理

最主要是要对玩家绝大多数的行为进行统计。如天龙，都是有统计的，每天都会打印出玩家行为分析表。而我们从没有做过这个事情，现在我们应该补上。高级、中级、帮主每天都会做哪些事，这些行为研究报表我们都要开始做。从这些报表我们可以看出游戏发展的趋势，哪些功能是玩家喜欢的，哪些是被抛弃的，哪些是有潜力的。

我们的管理过去都是定性管理，现在要全面开始往定量管理过渡。这个，程序要给予配合，策划也要想通一点。虽然对策划考核不利，但对策划管理工作是非常有利的。

而且定量管理这个工作绝对不能走过场，虽然阻力很大，但作为项目的一把手，首先要推进下去，这只有好处不会有坏处，会让你的游戏一年甚至三年以后不会脱离轨道，有问题了会及时地暴露出来。

策划人一定是游戏的狂热分子

要成为策划，我觉得第一的因素不是智商，而应该是情商；第二是勤奋。

人的智商差异是不大的。如果是单机游戏，智商重要；如果是网络游戏，则情商重要。

情商主要是指能够站在别人的角度看问题的能力，情商合格的人，则能够站在玩家的角度来考虑问题。

勤奋，网游的策划行业不是人人都能做的。能做好程序和美术的人不一定能做好策划。

程序是敲键盘的时间多，美术是拿画笔的时间多。但策划是动手的时间不多，动脑的时间多。

如果策划是和正常的上下班人一样朝九晚五，那这个策划一定做不好。首先策划一定要是一个游戏的狂热分子，对游戏酷爱才能做策划。因此策划是一个苦命的行业，做策划是做一个苦命的人。

策划往往不是一个好学生，因为策划不是一个按部就班的行业。所以我就有一个标准，人在做梦的时候，如果你没有一半的梦是与策划有关的，那你一定做不好策划。

所以你可以自己评估一下。我在过去做策划的时候，几乎做的梦都是和策划有关的。不到这个痴迷的程度，策划是做不好的。因为策划的战场正是在头脑里，而细节的优化是无止境的。因此必须要求策划一定要痴迷，一定要不间断。

作为主策划，还必须有很强的逻辑思维能力，要能够站在宏观的角度来思考问题。

另外就是领导能力。

因为策划是最难管理的，要让大家能够痴迷又能够努力工作，其实是非常不容易的，因此领导方式也很重要。

如何处理游戏里的几大关系

简单与复杂的关系

一款游戏简单与复杂有四种组合：看似简单其实复杂；看似复杂其实简单；看似简单其实简单；看似复杂其实复杂。一个游戏功能最好的结果，看似简单实际复杂。

就是这个功能很容易上手，很容易理解，要想玩得好，因为有随机，因为要努力等，他要琢磨、动脑，甚至玩家开研讨会讨论怎么把这个功能玩好。每个游戏功能都应该往这个方向去努力。如《巨人》里的搬水晶，看似很简单，其实要玩的过程还是很有游戏性的。

最糟糕的情况则是看似很复杂其实很简单。搞一大堆规则和名词，故弄玄虚，让玩家看不懂，如果真玩进去，却又发现实在是非常的简单。

举个《征途》中的例子，天赋系统。等这个系统推出之后，我上去玩，看不懂。查官网仍然看不懂。最后有一天，在游戏里我问一个女玩家，天赋怎么学，她很生气说，这么简单的事情都不懂，你去地摊上直接买几本书吃掉就可以了。然后我就去地摊上买了书吃完，吃完之后就什么都不用干了，这个功能已经彻底结束了。前后花了四五分钟的时间，给了很多很多的血。如此复杂的说明玩家一句话就解决了，过程就是这么简单。这个就属于看似复杂其实很简单。我们后面推的很多功能都属于这方面。

看似简单其实简单，看似复杂其实复杂也不是我们的追求。

疗效和副作用

举个例子，如果一个人感冒了，需要吃药，但是副作用是要掉头发，那这个药是不是要吃呢？我觉得这个药不能吃。

如果一个人患的是癌症，同样需要吃药，也是要掉头发，那这个药就应该吃。

如何处理疗效和副作用的关系就取决于一个人的逻辑思维能力。任何一个游戏功能都有正的和反的，都是一部分玩家满意，一部分玩家不满意。

你如何能保证让多数玩家满意，让少数玩家不满意，你怎么从全局的角度去评估且作出一个抉择，这其实是很难的。

《巨人》里的拉车体现了随机性，特别是运气不好的玩家总是会提意见，但多数玩家都是开心的，因为这个过程好玩、有随机。

如果把随机都砍掉的话，就好比一个人不管是患了感冒还是癌症，只因为吃药会掉头发，所以都不去吃，那结果就是大家都不拉车，患癌症的只能等死。

因此这个“度”，要求策划特别是主策划要去把握的。

累和无事可做

玩家喊累，天天上线和上班一样，每天很累，几个月下来身心疲惫，这样离开的人不少。《巨人》有段时间，这样的情况很严重的；《征途》里也有，但比较少。

第二类就是无事可做，失去目标，上线就是对着屏幕发呆，这样的人也是非常容易流失的。这两类人其实是很矛盾的，理论上这种情况不应该在一款游戏里同时发生，但这种现象恰恰在很多游戏里发生，这应该引起我们的注意。为什么会导致这样的情况呢?

第一，玩家玩的游戏功能过程枯燥，是被逼着玩的。尽管在玩，但是被逼的。其实只要过程好玩，玩家是不会觉得累的。

游戏过程不好玩是一个主要的原因，没有体现出荣耀、随机、互动和目标这四点，所以导致了这样的矛盾发生。

第二，任务的时间安排不合理。这个方面，《巨人》也探索过一些心得，取得了一些的成果，如经验分阶层、经验积累等方式，让玩家少被枯燥的过程所困扰。

其实根本的解决办法还是要让过程变得好玩。

人民币玩家和非人民币玩家

这两者之间的关系是矛盾的：如果你让人民币玩家得到属性高，那非人民币玩家就会有意见；如果让非人民币玩家得到同样的属性，人民币玩家同样也会不高兴。这没有对和错的问题，而是一个度和分寸的问题。这没有固定的公式，就看主策划的把握能力。

哪个度没把握好，都会造成各自类型玩家的流失。

《征途》曾发生对人民币玩家照顾过多的问题，在解决的时候，没有全方位的考虑，只是降低了人民币玩家花钱的效率，而且降得太多了，该做的工作没有做，其实解决人民币玩家的荣耀问题和他们与非人民币玩家之间的互动问题才是最主要的问题。所以我们不能想当然，要全方位地进行考虑。

因此这个度的把握其实是个艺术，不能太左也不能太右。以后新的项目遇到这样的问题，要多和老项目沟通，因为他们交的学费已经是天文数字，这些心得不能让他们独自享用，而应该大家共同分享。

短期收益和长期收益问题

我们应该追求长期收益，特别是新项目，而不应该追求短期收益。短期收益不外乎两点，急于收钱和降价促销。

我一直反对降价销售，脑白金11年没降过价。

我看过一个统计，世界各有名的厂家，还未有一个案例是因为降价而增加了总销售额。降价后，总销售额下降和产品死掉的案例却比比皆是。因此，我就决定我的产品坚决不搞降价促销。

《征途》之前还好，在我路演的时候，就开始搞降价促销了。后来学锋总结，这确实是一个毒药：你降一次之后，第二次必须比第一次的幅度还大。

降一年之后，虽然你看季度收益是增加的，但给出去的经验代价是个天文数字。

因此才有了我们去年7月份的调整，其根源就是在降价促销上。这是一个毒药，因此干脆后面就休克疗法，所以大家看到我们的收入下降一半，股价跌掉一半。这些都是降价促销所导致的。

虽然我苦口婆心地讲，但学锋、小刀他们不尝试一下不知道，现在花了几个亿的代价之后，他们知道了。**降价就是自杀**。现在正在开发的项目，你们就不要尝试了，这个学费交不起。

所以我们**一定要重视长期收益，对短期收益不予重视**。所以我们在考核上也尽量不要看短期收益。

打钱公司和玩家小号养大号的问题

打钱公司应该坚决打击，但是玩家的小号养大号要睁一只眼闭一只眼。

打钱公司是工业化、规模化的形式，一搞小号就是几千个，对经济系统的破坏是非常严重的。关键它拿到钱之后不是自己消费，而是要继续流通的。

玩家的小号养大号虽然我们不支持，但要睁一只眼闭一只眼。因为小号赚到钱后，虽然小号没享受，但大号还是会消耗掉的。因此我们要对打钱公司进行坚决打击。

为什么我们之前在严厉打击打钱公司时，会感觉到受伤呢？

因为我们的方法不得当。我们在打击打钱公司的时候，一股脑儿把小号养大号也打击了，所以我们会受伤。

这个问题其实是有办法解决的。我们最近也在探讨，打钱公司一台电脑跑几千几万个号，都是使用外挂的，都是自己为了打钱而专门开发的外挂。而玩家三五个号养一个大号是用不到外挂的，是不需要打击的。

这边就有一个方法来判定这些行为上有些什么区别。有的游戏元素打钱公司是没办法使用的：如刺探，打钱公司是没办法做的；如果采集场是不安全的话，采集也是没办法做的；运镖也是没办法做的；有哪些功能是玩家必定会去做的，而用外挂是没办法做的。应该用这些去作判断。

还有一个判断方法就是绑定，所有东西都绑定。但这也是一个双刃剑。如果100%东西都绑定也不可以，这个游戏内的流通就会出现问题，因此要有限度地来使用。

对于打钱公司和玩家小号养大号的问题，各个项目组要通过上面两个方法来进行各自的调节。

货币的回笼和通货膨胀问题

一款游戏最理想的状态是没有通货膨胀也没有通货紧缩，但一般做不到，总是在一定的区间中波动。

通货膨胀会导致一款游戏死掉，通货紧缩则没有想的那么可怕，至多会有玩家抗议，但抗议的人一般都不会走掉，因此适当的通货紧缩对游戏是有利的。

《巨人》刚开始的时候很难打钱，玩家都叫，后来放开了之后，通货膨胀了，玩家不叫了，因为人都走掉了。

通货紧缩的时候，玩家喊打钱难，但一边喊一边延长在线时长。当然通货紧缩对游戏是有伤害的。你首先要保障玩家最基础的生活所需，通货紧缩是没什么问题的。适当的通货紧缩才能避免通货膨胀。

我们货币回笼的力度要大，一般策划理解的，我发出去一块钱，回收一块钱，这是最合理的，其实这肯定会发生通货膨胀而且是严重的通货膨胀。所以在设计经济系统的时候，货币回笼的强度要远远大于货币产出，至少要在5倍以上，才有可能保证通货的平衡。因此通货回笼的力度一定要大。

《征途》在过去采取过几次货币回笼，每次都有效，但都只是挠挠痒，有千分之一的效果。其实货币回笼的难度是很大的，我们要充分考虑到这一点。

你看现在《征途》的通货膨胀有多厉害，以前股票商证是60两，现在是5锭，已经近10倍了。以前作调查，游戏经济系统做得最好的两款游戏，一个是《梦幻西游》，一个就是我们的《征途》，但我们今天也遭到唾弃了。这就是我们的经济系统没做好。

只要控制好经济系统，通货膨胀问题其实完全可以解决，因此货币回笼的力度一定要加大。

抄袭与卓越的问题

在做《征途》的时候，我就说，别人有什么好的东西就直接拿过来抄，不要不好意思。

但是抄完了并不是工作就结束了。天龙的老板就说，我的宝宝系统我不怕别人抄，你什么都能抄，但我的数值你抄不了。

我们不合格的策划怎么做呢？把形式抄过来，把数值一填就觉得抄完了。天龙的老板说，数值如果不是精确到千万分之一，我的宝宝系统根本出不来。所以抄也不是那么容易的。

所以我觉得抄的第一步首先是抄来之后的优化，一定要超过人家，一定要在细节和数值上各方面都优化。

如果你抄得和对方差不多甚至差的时候，特别是差的时候，人家一定会说，你们抄得真恶心。但是如果你超越了对方，别人就不会说你抄了。

成者王败者寇。

所以**抄不但要脸皮厚，还要发展和优化。**

故事背景和游戏性的关系

我一直觉得故事背景不重要，当然这个问题大家可以不认同。

我觉得**故事背景最大的作用，就是给将来打广告做宣传的时候找由头。**

在游戏里，我觉得游戏背景不重要。

我的理由是这个，大家看对不对。故事背景最重要的是通过NPC之间的对话来体现的。游戏里面的服饰、地图、名称都不是很重要的。我几年前做过调查，真正把前面的一大段故事介绍读完的玩家有多少？5%。95%的人只看有多少经验，自己会得到多少实惠，你说故事背景会有多大作用？

但是也不是说就不要故事背景，我们也要随大流。但是故事背景要给游戏性让路。

如《封神榜》，里面的很多名词，现在的年轻人可能很多都不认识。我在游戏里就发现，有的NPC，没有一个人能把他的名字给读出来的，因为那个字太偏了。像这种冲突情况，就是要给游戏性让路。

故事背景有用，但作用远没有那么大。

压力与价值

我前面分析过，**价值是压力压出来的，没有压力就没有价值。**

我举一个例子，看一个道具值多少钱，要看这个道具是怎么得来的。

如果是跑地宫，15层的地宫，一层层跑下去，然后得到，这个道具值多少钱？如果玩家觉得太累，我们给他加个NPC，一瞬间可以到那边然后拿到这个道具，这个道具值多少钱？

这两种方式得到的道具价值是不一样的。肯定的是，前面的道具肯定比较值钱，因为是有压力的，而后面的道具则分文不值。

过去，我们的《征途》和《巨人》在做的时候都有这样一个怪圈，策划们也明白给玩家制造压力，让某个道具值钱，然后让玩家去满足。后来玩家说太累、太难得。然后就给玩家降低压力，一直降低之后发现，功能没人玩了，功能被废掉了。

正是因为压力没有了，价值也就没有了，玩家的追求也没有了，功能也就自杀了。

过去，我们这个度和关系一直都处理不好。一个功能出来，策划们就会吵着闹着要降低压力。大家想想，过去的三年是不是在这样的怪圈中过来的？

因此，该给玩家的压力也要给，玩家的意见也要听，但关于压力的话只能作为参考，不能全听。

如果听玩家压力方面的意见的话，玩家肯定希望自己直接全部满级，全部15星装备，其实和每个人都零级，都白装没什么区别。

就镖车的事，没有白车的压力，紫车的价值也就不存在了。如果你向玩家说，从明天开始没有白车了，全部都是紫车，玩家肯定100%地赞成。几天之后，你会发现，白车和紫车没有任何的区别，全部紫车就变成了最初的全部白车，因此玩家在压力方面的话不要全部都听。

总结一句，我们一定要从“制造压力—制造价值—降低压力—降低价值”这样的怪圈中走出来，认真处理好压力和价值之间的关系。

2009年 巨人策划高级课堂

第六章

我的经验和教训

· 我的创业历程

· 我的创业感悟

· 我的失误与教训

· 我是赌徒的反面，胆子最小

· 我的失败教训最值钱

我的创业历程

20年前，我还在校的时候，听过一个讲座，就是在深圳大学，当时是四通集团的总裁万润南。万润南政治上犯错误了，当然我不欢迎政治，我也不懂政治，我们就不谈政治那一块。他当时在上面做报告[①]，就谈了四通创业的过程。我当时在下面听着，感觉挺热血沸腾的，因为我当时是一个学生，而我当时的想法是，毕业之后，回到安徽省统计局去，然后继续开始走仕途，也就是当官这条路。

他的报告后，对我的影响感觉还是很大。我感觉到市场经济在未来是主流——现在大家都知道，但在当时一般都认为中国还是一个计划经济的国家，在未来长期也会是。听了那场报告之后，我就开始产生这样的念头，毕业之后——那时离我毕业也不远，我就开始琢磨下海的事了。

当我毕业的时候我就下定决心，决定下海了。这个决定我觉得还是和我在深圳大学这段时间，受到的整个环境的熏陶有关。深圳大学在改革开放方面还是走在全国所有大学的前列的。像我当时在校时明显感觉到，深圳大学的不足

① 报告题目为《泥饭碗比铁饭碗更保险》。

之处是在于学术方面，但是在思想方面是很超前的。思想方面，深圳大学可能在全国都是遥遥领先的。

至于我的一个按部就班的人生规划，到从深圳大学一毕业就改变了，这个肯定是和深圳大学的熏陶有关。

我在快毕业的时候就在琢磨了，我要创业，我要做什么的想法已经在筹备了，我就编软件。

当时的市场情况是这样的，当时的四通是中国第一大的民营企业，它当时推出的打字机，卖得非常好。四通打字机可能很多人也见过，它把电脑屏幕去掉，实际上是个微缩的电脑，把打印机融为一体。当时一台四通打字机卖两万多块钱，在市场上也是非常火的。

当时我就在想我做一个什么事呢，既然打字机这个需求量那么大，很多单位已经有电脑了，再买个打字机实际上是浪费的，我就想编个软件，让这个单位的电脑能起到打字机的作用。就这样一个winxp软件（桌面软件）。我自己调查了一下市场，发现市场还挺大的时候，就决定自己一个人研发。毕业我回安徽以后，也没去上班，就辞职了，就在家编软件。软件编得差不多的时候是1989年的8月份，我就来到了深圳，承包了一家公司的电脑部。

那时候我是个穷学生，我就从我父母那儿借了4000块钱，就是我的全部资产。我当时是坐飞机过来的，花了200块钱，这样连4000块钱都不到了。凭着这点钱，我自己要注册公司是不可能的，当然那时候也不懂怎么注册公司。后来就承包了一个电脑部，是通过深圳大学当时带我的教授介绍认识的，然后就开始做我这个软件。这个软件当时大体上已经开发好了，实际上还没有完全开发好，于是就边开发，边做市场。产品有了，市场需求有了，尽管我只有4000块钱，但是我一上来就想做全国市场。

做全国市场就需要打广告，打广告就需要钱。所以当时我就跑到北京，找到《计算机世界》报社，《计算机世界》报是当时计算机领域里面最权威的报纸，也是发行量最大的。我就请他们帮忙，我说我有一个很好的产品，我现在没有钱打广告，能不能让我先打广告后付钱。一开始他们不愿意，就说你连个正规公司都没有。于是我就在那儿磨，到最后他们也就同意了。实际上现在看也不贵，当时来看还是挺贵的，一个版面广告大概8000多块钱。我打了三期的广告，完了之后我就跟他们承诺，最迟一个月后付款。然后签完合同，我就把广告稿子给他。

广告稿子是我自己写的，因为产品是我研发的，市场是我调查的，我就觉得我很懂消费者。那时候根本就没有任何的广告经验，我写了一个稿子就把它撕了，写了一个稿子撕了，实际上最后也就是1/3稿纸那么大的纸。但是这一篇稿子我写了16天，写的当天我就改，改了16天，那16天我啥都没干。我觉得这个与我那16天有关，那16天写的，把这个稿子写得确实不错，几年前我无意中翻出这个广告来看，发现确实能打动消费者。然后王艾就把稿子交给了《计算机世界》报社，我们就回到深圳了。回到深圳这个广告就差不多打出去了，打出去后，果然我就开始电话不断，有要来订购的，有要来看产品的。

看产品我就犯难了，因为我那是一款软件，别人要来看我怎么能拿个软盘给他看，我没有电脑。所以我又找到一个专门倒卖计算机的公司，我找它谈，我说能不能卖台电脑给我，我推迟半个月付钱。因为都不认识，对方肯定也不理，然后我就把我的软件给他们看——我带着软件到他们公司去的。在公司的电脑上，我说你看看，你先评估一下我这个产品有没有前途，对方一看——因为对方都是搞电脑的——就知道这个有前途，就说行，我借给你吧。于是我就把电脑抱回来了，没付钱。电脑刚抱回来第二天，就开始有客户来了。客户来了，我就表演给他看，客户一看这个产品，就下订单了。

几天之后，也就是8月，好像是8月16日那天，就开始有收入了。第一天就卖了一个是8820元，还有两个3500元的，一共1万多块钱。当然搞软件，我们现在也可以大胆说出来了，比尔·盖茨的软件是暴利的，我的软件也是暴利的。

搞软件是这样的，它的成本是前期你开发的成本，真正卖的时候，比如我3500元一套，直接成本就是软盘的费用，也就100多块钱。然后这个头一开之后，后面就很顺了，到后面就是一两万一两万地涨了。很快，我就把《计算机世界》报社广告费和买计算机的钱付掉了。后来我又买了新的计算机，因为那时候开始有钱了。经过两个月的时间，算了一下，我们就已经赚了100多万元了。

这时候我们公司就有4个人了，刚创业的时候我们只有两个人，一个是我，还有另一个就是蔡总，也是深圳大学的，那年刚毕业的。这时候有4个人了，这时候我们公司内部就发生了分歧。

我们公司现在有100多万元了，下一步应该干什么。我就主张——我那时候胆子还真挺大的——这100多万元干脆就不要了，全部都砸到广告里算了。

因为那时候市场正在扩大，如果砸到广告里面，打个100多万元广告，相信销售额会增长得非常快。当时有两个人就不同意，说赚100多万元我们应该把这钱分了。因为那时候我们都是穷学生，突然赚了100多万元之后，确实心态会受到冲击，对每个人的心理冲击还是很大的。从来我们见100块钱的机会都不是很多，突然来了100多万元，这就使我们内部发生分歧了。

后来那两位就离开了，离开的时候还把我电脑也抱走了，也给了那么一点钱。所以后来，我觉得**民营企业，创业初期，股权一定不能分散**。我那时候还没有明确股权，因为我们那时候本来不是公司。到一定规模之后，可以股权分散，尤其上市之后，股权更应该要分散。但是，中国的民族特性决定了，早期的时候，在创业初期的时候，不能搞像五个哥们儿，每个人1/5的股份——这种公司十有八九是要出事的。内部会斗争，只要情况一好转，如果公司小的时候、没赚钱的时候，大家都很好，如果一赚钱了，内部就很容易分裂。

后来他们两个离开之后，我们公司还是继续发展。后来我们真的把那100万元投到《计算机世界》报社去了，投到《计算机世界》报社之后，也的确，仅一个月我们的销售额就上百万了。所以把我们的规模一下子就拉起来了。

到了1990年的时候，我们就已经有几千万的资产了，那时候发展还是很顺的，但到了1990年的时候，我们又面临一个危机了。

当时崛起一个我们的同类产品，叫金山汉卡，现在在香港上市的那个金山就是这家公司，是珠海的，这家公司做过金山汉卡。这个竞争对手起来了，而且我们一对比发现他们的产品比我们的产品好，因为他们的软件做得比我们好，所以这时候就面临着一个危机，我们必须做比他们好的产品。

那时候公司大概有二三十个人，把工作安排好之后，我就带着小的研发团队离开了——当时我们在深南大道那边。

我对外说我要去搞房地产开发。要外界找不着我，我就回到了深圳大学。

我们在深圳大学租了个学生公寓，拉了几箱方便面待了半年。这半年我们真的没怎么出过门，当然吃饭的时间要去学生食堂吃饭的，其他的时间我们一般不去市区。

后来，半年后就研发出来了。

研发出来就投放市场，投放市场的效果——因为这个产品的确比当时金山的产品要好，再加上营销又有个突破，所以销售额又继续上了一个台阶。营销上要有个突破，我闭关出来之后，我自己这样想。我当时就要开发M-6403了，就是我们的第三代产品，这个产品名字比较长，叫“M-6403巨人汉卡”。当时巨人是做了商标的，我们公司还没有注册，然后下面一大溜文字。后来我想这个广告太落伍、太俗套，别人注意不到。另外，第一次使用“巨人”这个商标，别人也不知道巨人是咋回事。

所以后来我就把产品名字不断地简化，本来叫“M-6403桌面印刷系统巨人汉卡”，特别长，我改成了“M-6403巨人汉卡”。后来我觉得打广告的话字还是太多，简化到最后，改成了“巨人”两个字，连汉卡都不要了。

这两个字，我在《计算机世界》包了两个整版，连在一起的，就是报纸打开两个整版拼在一起。一个版写“巨”，一个版写“人”。

因为在那个年代，这么打广告的还是没有的。别人一看，整得像大字报似的。由此，这个行业注意到有个巨人，巨人是怎么回事，因为以前“巨人”这个名字没有出现过，我这么打了几个月之后才介绍我的产品，别人也才知道，有个巨人汉卡出来了。所以我觉得尽管这个广告是两个整版拼在一起打，很贵，但是投入产值是最高的，比我一个版一个版地打半年的效果还好，一下子就被行业给注意到了。所以这个产品的成功、营销的成功，使得我们销售额就起来了。我们销售额一年很快就上亿了，靠这个产品就做起来了。

我们这时候有100多人了，也有上亿的资产了。

这时候我们就想注册公司，那时候我们还没有公司，我们还在别人一个电脑部，是别人一个贸易公司下面的电脑部。我们就到深圳工商局去注册，我们所有的材料就递给他了，磨了半年我还是注册不了。

这时候珠海的科委不知道怎么就知道了这个消息，就找到了我说你来我们珠海注册。

这个也就这么简单，能有公司了，我们整个公司就搬往珠海了，实际也对珠海不了解，一到珠海，就觉得珠海真像个渔民村啊，一个城市总共才一个红绿灯。但是能注册公司，我们还是过去了。后来就在珠海发展，还比较顺利。

软件方面我们除了winxp软件，又做了其他的软件，像poss，电脑商务的；又做了会计软件、教育软件等等，也做了电脑，包括手写电脑。到了珠海，等于上了一个台阶。当时珠海政府也很支持我们，一看到我们发展得很好，当时还给了我一个科技重奖，当时重奖科技人员给我发了100多万元奖金和套高级套房，当时珠海的领导把我们作为高科技的标榜。

可能因为这些，公司也发展得很顺利，然后知名度好像也挺高，所以这时候危机就开始埋下了。

这时我本人就以为我做啥事都能做成，因为从创业的1989年开始，到珠海那段时间，在这几年的时间里，我想研发成的都研发成了，想销售产品都销售成了，就没有失败过，深以为自己想做啥都能做成。所以在这种环境下就开始走了多元化的道路，这是一条不归的路。

一个企业必须在这个行业里面形成你的核心竞争力，如果你搞多元化，你就无法形成你的核心竞争力。所以我们只在这个行业做，我相信在这个行业会做得很好。当时，我们一下子跨了很多行业，我都记不清多少个行业了。

我印象比较深的有几个，保健品，当时做了脑黄金。第一次做保健品还真是把脑黄金也给做成功了，到巨人危机爆发之后我们核算，脑黄金两年时间给我们创造了3亿的利润。

脑黄金做成功我们更加膨胀了，保健品一下就做了12个，然后又做了十几个药品。电脑软件品种也进一步增加，硬件也做了很多。除此之外还做了服装、化妆品，反正多了去了。当时还买了很多药厂，尤其是做了房地产，盖了巨人大厦。我们那点钱不够这么折腾。因为走了多元化，每个行业都做得不精，最后都毫无例外失败了，只有脑黄金是成功的，其他的几乎全失败。失败的原因，最主要的是没有深入行业进行研究，不能形成核心竞争力，很多都是拍脑袋拍出来的。

我举个例子，当时我们做服装，服装也做了很多，其中做了领带。巨人危机爆发的时候，我们一翻仓库，发现我们仓库里的巨人领带够我们打四年都打不完。

后来我们发现卖不掉了，全部给自己打。所以那几年我还穿西服，我打的全是巨人领带，我们公司的所有人都发很多领带，包括巨人衬衫也是，卖不掉了都是给自己穿了。

因为多元化，使资金分散到各个领域里去，最终就失败了。失败了，反正99%是我们自己的问题，当然也有外部环境的原因，当时中国进入宏观调控，消费能力变弱了，所以在这种情况下，我们垮得更快。资金流开始出问题了，公司资产还是正的，还有很多，但是没有现金了。所以这时候我们的危机就开始浮现了。外界都以为我们还很好，实际上这个时候，公司已经空了、虚了。

当时我们还利用各种方法，像推新产品去拯救。当时其中一个计划，拯救巨人的一个计划，叫“三大战役”——我们自己取名叫“三大战役”或者叫“百亿计划”。就是我们推的有30多个产品，一起来推，把产品都做成功，做到100个亿销售额，以此来寻求发展，通过发展来解决当时的一些问题。

但是现在回过头去看，那个“百亿计划”是一个“大跃进”式的计划，是完全违背了市场基本规律。我们当时搞了软件、药品、保健品，加起来30多个产品，我们把30多个产品放在一起，然后全部一起打广告。我们当时开始主要是搞报纸广告，力度非常大，我们第一个礼拜全国打了5000万元。第一个礼拜是做铺垫的，我们一共做了60多个版本，全是跨版广告，是打形象广告，打完了再打产品广告。

后来在打形象广告的时候，被国家工商局叫停了，不让我们打了。后面钱全部浪费了。那时候不让我们打是因为我们广告太多了，还有个广告出问题了。所以我们的广告就停了，那就抓瞎了，我前面的5000万元的广告打完了，后面的产品广告出不来了，这就加速了我们危机的爆发。所以我们手里的现金全没了，但是还得咬紧牙盖巨人大厦。

1996年巨人大厦已经盖得差不多的时候，我们就跑到香港去卖楼花了。那个时候，宏观调控已经很深入了，在香港卖楼都卖不掉。我们本来计划到香港卖楼花的时候，香港只要有楼盖，不管是啥货色，都会发疯地排队去买，头一天晚上就会排队。到我们那时候就不行，我们前面几个卖的楼盘都卖不动，一个单元都卖不掉。等到我们去卖的时候，这时就考验我们了，我们能怎么动动脑子把它卖好。后来我想了一个广告，这个广告就是先奏英国的国歌，然后香港档次最高的一个楼缓缓升起，这是5秒；再5秒是日本的太阳旗，奏日本的国歌，然后日本最高的一个楼升起；然后就是星条旗，帝国大厦缓缓升起；再是中华人民共和国国歌、国旗，把巨人大厦缓缓升起。

我做这个广告成本很低的，因为我连个演员都没有。实际上就是拿几个图片把它拼出来，在香港一播，确实效果很好。香港在改革开放以后这种广告还没见过，很多买楼人都跟我说，正在收拾房子做饭，外面怎么几个国家的国歌都在奏，出了什么大事了。出来一看，原来是巨人大厦的广告。这个广告出来之后还真的卖得不错，差不多卖了1.8亿元。卖楼花的钱我们全都投到巨人大厦去了。巨人大厦装潢就投了2.5亿元，后来审计就统计出来了，装修的2.5亿元就这么埋进去了。

这时候我们公司财务就遇到危机了。如前面我们说到，就开始检讨我们哪儿有问题，就是管理上我们哪儿有问题，企业文化上存在什么问题，产品存在什么问题，就开始各种研究了。正在研究的时候，巨人的危机就爆发了。就在1997年的1月份，《深圳投资早报》报道，这个报道的背景实际上也非常简单，就是一帮买楼花的人看我们巨人大厦延期了，想逼着我们要钱，然后就找了投资早报的人写了一些诸如“巨人大厦濒临破产了”的话，基本就是从这个角度去写。

我们公司那时候的确很虚弱，这个一报道，当初我看到之后确实愣了一会儿，我马上想到这后果是很严重的。别看只是一篇普通的报道。现在谁怎样骂我们，我都是不怕的，谁给我写个负面的报道我不怕的，因为人在强壮的时候是不怕的。弱的时候实际上还是很害怕的，我马上就想到一个后果。我们当时公司的经营层面面临困难，我们是在三角债的其中一个环里面。我们还欠其他公司的钱，比如材料款，我们还欠1亿多元。而我们下游的经销商还欠我们3亿多元的货款。这个爆发之后，这1亿多元的肯定会来逼债的；而那3亿多元的一看我们“破产”了，觉得钱不够就不用还了，干脆不跟公司联系了。我们就运营不下去了。

当时我就意识到这个问题，所以就采取了很多措施，但是一点效果也没有。也的确出现了我刚刚所说的那个局面，欠我们钱的那个经销商就想，没几个月之后，你们公司也没有人了，就不会来找我了。那些债主，尤其还有2亿多元的楼花款，香港1.8亿多元，内地还有几千万元。这些人都到公司里来了，开始第一批的时候，我们还有点钱，就把它兑了，后面来得越来越多，最后有几个就是在那里闹事。有一天是礼拜六，我觉得好像没什么人，我出去喝酒了，郁闷，回来的时候一帮买楼花的人把我拦住了，说你们欠的钱什么时候还，我说欠老百姓的钱我一定会还，希望你们给我一点时间。后来媒体报道了这个，当时我不知道媒体的记者就躲在后面。这下公司一下子就陷入停顿的局面，运营不下去了。一个公司突然休克了，账上一点现金都没有了，发工资也发不出来了。

当时公司是发手机的，不像现在是个人买的，我就让部门负责人、经理手里的包括副总裁的手机，全部收回来了。为什么收回来？因为手机的电话费付不出来了。所以他们只能使用BP机了，就是传呼机。全公司唯一一台能用的手机就是我的手机。当时整个集团只有我一部手机还能使用，这时我们就想办法去拯救。但是差不多半年的时间，还是没有救活它。

当时最直接的一个方法，就是巨人大厦已经花了2.5亿元了，而且政府还给了很多优惠，就是地价。如果要卖出去，估计就不止政府给的这些钱了，就是说政府有利益在里面。我就找了很多开发商想把巨人大厦盖起来，我用这个盖起来的楼，就能把债务给抵掉。政府也做了大量工作，找了很多房地产商，承诺房地产公司很多条件，甚至于有的很苛刻，政府也做得非常好，我们很感激。尽管最后没有实现。政府就说，拿钱就把楼盖起，我再在旁边黄金地段划一块地送给你，尽管因为诸多原因，他们也没有做成。最后这件事就黄了，就扔在那儿了，这事一扔在那儿，我突然一下子就如释重负了。

为什么呢？因为以前我一直想去拯救巨人，想把债务都还掉，突然发现我还钱已经没有希望了。再有新的计划，最少也要几年以后，这个月下个月我们看不到希望。通过巨人大厦还债已经解决不了了，只能去做产品了。但是做产品，哪会那么容易，那是需要时间的，所以，我整个人莫名其妙一下子就放松了。前段时间都是在熬，那时候一放松，我一下子就变得心花怒放，长了十斤肉。这时候我就很少出门了，我就琢磨这下一步怎么走，后来通过和我们的团队一起商量，我们就决定了，要通过启动脑白金来做重新的尝试，通过脑白金赚来的钱来救珠海巨人集团，所以制定了这样一个战略。

在珠海一出门，一路上都有人找你要债的，啥事也做不成。我就在珠海留了两个副总裁，专门负责相关工作，把核心的队伍带到江苏去了。但是在江苏我们也没地方待，那边也没有公司，所以当时我先住到了无锡的一个招待所去。然后每天都跑市场，做市场调查，所以当着他们的面就开玩笑说，我的办公室就是我的皮箱，这是中国首穷的办公室，因为我当时也觉得自己是中国的首穷，一般人再穷最多没有钱或者欠点钱。我还欠了一身债，把这个算上，我个人资产是负2.5亿元人民币，可能也的确是个首穷。然后又开始过流浪的生活，那时候很艰苦，但人倒是很充实，因为我们没有钱。

当时我们公司还是有很多资产的，比如奔驰车。我还是有奔驰的，奔驰500，但是那不能用啊，我付不起油钱，所以奔驰车在那里躺着吧，我连买汽油的钱都没有。

当时就是坐公共汽车，有时候会打的，后来搞了一辆几万块钱的面包车。市场调查跑得差不多的时候，我们就把市场营销的方案就确定了，然后就开始我们的战略。我就向朋友借了50万元，就开始做脑白金，这50万元当时对我们来讲是一笔巨款，因为啥钱都没有了，我们的员工已经半年没有发工资了。尽管没有发工资，我的团队核心人员还有100多个干部跟着我在那儿跑，拿到50万元之后，就拿了15万元去生产产品，拿5万元去发了工资，最后留了15万元做预备，这样就正式开始做脑白金了。

15万元的广告费只够做一个县的，我们就做了江阴，一个县级市。江阴赚的钱我们就投入到无锡市，无锡投资完之后，第二个月就赚了45万元；然后再把这一个县一个市赚的钱投到南京、常州和苏州这三个城市，投入一个月就赚了100万元，我们就有40多万元的纯利润；然后拿这个钱再去做了上海，启动了上海以及浙江部分城市。反正就这么滚，用了一年零六个月的时间。如果现在的我来做，可能只要一个时辰就做到了，但是我们当时没什么钱，只有用上个城市赚的钱去做下一个城市，时间也就比较长，所以我们用了一年零六个月的时间去启动全国市场，那时候说全国市场，其实有两个市场没有启动，其他的全都启动起来了。

两个市场一个是北京，北京当官的太多了，我怕到时候找我麻烦；第二个是广东，因为广东是个伤心地，除了这两个地方，全国其他的全都启动起来了。

这时候，我们一个月的销售收入是过了1亿元，一个月的纯利润是4500万元，到了1999年的时候我们就开始悄悄地还债了，外界实际上不知道。媒体说我蒸发了，实际上我到哪里蒸发，我不露面了，媒体找不到我，我到哪里都带着墨镜。我那时候出去也戴着墨镜，经常去跑商店，全国到处跑。那时候跟我联系的都比较少。好的时候，朋友也多，差的时候，朋友都躲着我，怕我借钱，所以那时候朋友也不多，都是公司内部的，外面也没啥朋友。我也不愿意经常出去，所以外界都认为我蒸发了。

其实那时候悄悄地干着这些，我们觉得很踏实很充实的事。然后开始赚了钱之后，巨人大厦的楼盘分两部分，大部分都是香港的，其余是内地的，香港只卖了100多套，就是100多个业主，但金额大，大概1.8亿元左右。后来我们先去还了香港的钱，因为香港可以在保密状态下还，外界不会知道，后来我们就把香港的钱都还掉了。个人从脑白金公司借了钱，去还珠海的楼花款。到了2001年的时候，就把内地的还了，内地的还了，外界就知道了，所以那时候吵得很厉害。这时候我心里才踏实了，很多人也问我，你干吗还那个钱，从法律的角度你是可以不还的，为什么还？因为那时候我开始有钱了。当时我们账上已经攒下了有2亿多元的人民币了，不如把这个钱还了，给心里买个踏实吧。尤其我们未来的路还很长，如果欠了这一笔款的话，你以后做啥事都不光彩，到哪里去都还挺丢人的，所以后来我就把这个债务全部都还了。

一个呢，这事也没有外界说的那么高尚，说什么社会责任啊，实际上真没想那么多，就是想着你欠着钱就该还了；也没有外界说的那么卑鄙，说有巨大的阴谋，实际能有啥阴谋，也没啥阴谋。

我觉得对我来说就是很自然的一件事，还完之后我个人的心态一下变得很轻松了，因为这时候我这个团队的心态，包括我本人，变化很大。

这时我们给自己定了一个纪律，就是**不要做超出自己能力的事，没有把握的事不要做**。当时我们有个口号，实际上是极左的——“宁可错过一百个机会，决不犯一个错误”。

因为我们没有其他任何地方的投资，账上的现金越积越多，越积越多，聚集多了的时候，人又开始冲动了。一冲动就要克制自己。当时每天都有很多项目找上门来要我们投资，现在看大部分项目没投是对的，当然其中也有好项目——这个没错，冤枉就冤枉了。

我举例来说吧，有两个好项目，当时没投，现在来看，如果当时投可能是正确的。但是在“宁可错过一百个机会，也不错投一个项目”这种观念束缚的前提下，我觉得也没事。

一个项目就是新浪，新浪当时的股票是几毛钱一股，不到1块钱吧，8毛钱一股。然后杨澜和吴征两口子，要把股票卖了。卖我大概1块多钱一股。实际上当时我被说动了，我把这个提交到我们的内部决策委员会上面，结果被全票否决。如果这个投了之后一年的时间，能有二三十亿元的利润。

还有一个项目，如果投了可能也是对的。这就是花10个亿购买国有奇瑞汽车股份。当时我也被说动了，也提交到管理委员会，结果也是全票否决。只有这两个是当时可以投的，另外还有十几个，那十几个幸亏没往里面投，投了就完了。

在这种状态下，自我感觉就比较好，我不追求高速度，我只追求一步一个脚印往前走。首先我对自己的负债率就有一个控制，像我在珠海巨人出事的时候，负债率高达80%。后来我就跟自己这么规定的：5%的负债是个绿灯，是安全的，10%的负债就要亮黄灯，15%的负债就要亮红灯了，不能碰了。像这样我们的公司就不会因为负债而出问题。回过头来看，过去十年中国的著名民营企业老板进监狱的，表面上是各种原因进了监狱，其实他们有共同的问题，都是负债率过高所导致。负债率过高，资金链就免不了会出问题。资金链出了问题就会做很多违规的事。民营企业一贯都是这么做的，没人查你就没事，查你你就有问题。

比如我举一个例子，抽逃注册资金。这种事情早期哪个民营企业没干过？我注册几个公司，我把A公司的钱打到B公司，至于你觉得很正常，其实这个是违法的，都要坐牢的。我觉得民营企业几乎没有没这么干过的，早期我也这么干。但是第二种情况，做脑白金我是没这么干过的。因为我没有资金的压力，我就不这么做了。如果你资金链一紧张，这个事你必然干，你要是干了，想抓你的话是一抓一个准。这个是第一类。第二个是到了银行去贷款，你要向银行提供财务往来，你一旦资金链紧张的时候，你的报表往往会修饰一下，就是修饰一下就可以治你的罪：金融欺诈。你用假的财务报表、不实的财务报表到银行去贷款，这就构成了金融欺诈，也要坐牢的。

你看这10年来，多少民营企业的老板坐牢，都是号称中国首富的牟其中、杨斌等等，要数的话，知名的能数十几个出来。其实他们都有个共同特点，都是资金链绷得太紧，所以我看到这点之后，我们就不走高负债这条路，就走低负债率。这样的话我们公司是安全的。

不久前，我和企业界的一些朋友回顾过去10年，最后发现我的追求速度是最慢的，实际上和他们比较，我们的成长发展是最快的。这个说明一个什么道理呢？你在高速公路上开快车，你开150迈和80迈哪个先到目的地？有可能开80迈的先到目的地。因为开150迈的你入行要出几次车祸，出了车祸你浪费的时间比80迈到150迈这一段省的时间要多。在这种心态下，相对来说，我们公司自我感觉比较健康。所以我说你再找媒体骂我，你再说我怎么，我不怕你，我在虚弱的时候就特别怕。

到目前为止，我们总共就做了两个保健品，中国前三名保健品中，目前第一名是脑白金，第二名是黄金搭档。这两个产品边框产品少，但是我们这个行业里边，大概我们相当于现在的第二名第三名第四名第五名加起来的总和。

脑白金这个产品做了11年，现在每年都在增长，去年比前年上升了24%，今年上半年比去年上半年上升26%，它还在上升当中。这个一方面是产品有效，不是说做广告，因为没效的产品最多只能卖3年。有效的产品作为基础，然后营销团队配合，这样才能做得持久。人家阿司匹林能卖100多年，现在还在卖，是因为它有效果。

还债是我四年来做的第一件事，下面说我做的第二件事。随着我们的诱惑越来越多，我们管理团队就商量说，不能把这个账签了，所以把资金就放在那儿了，这样一来我们的头脑就会发热，说不定哪天就投资错了，干脆把它花点。

花在什么上呢？买一个资产，流通性强，不要做暴利的，能有稳定收益的、没有风险的一个资产。然后我们就决定买了上市或即将上市的银行股份。

银行股份流通性很强，想卖就卖；第二个就是收益，我们当时得出一个结论：未来15年中国的银行业会充分稳定地发展。现在我是民生银行的董事，像去年民生银行比前年上升了70%，管理层被董事会骂得一塌糊涂，才增加70%，人家都是增加100%还多。所以今年，上个礼拜的工作季报说比去年增长了百分之一百一十几。这个我觉得还可以，这个银行业是一个快速发展的行业，然后银行又安全。

上市的银行谁在管呢？银监会在管着它，证监会在管着它，报社的报纸在管着它，股民在管着它。这管着它的头很多，国务院还管着它。凭什么管着它？因为一出问题，几百万储户上街，对国家政权都有影响。所以他真要出问题，真的要破产，国家不让你破产，财政上会拨钱来拯救你，所以这个是最安全的。所以，我们把账上的现金全砸进去了，砸了差不多7亿元。买了之后再也不看了，股价也不看了，但是到去年突然一算，发现还挺值钱的，值150亿元了，现在好像只有六七个亿了。其实我们也不怎么卖的，所以它高点低点跟我们也没啥关系，就准备长期持有。这是我们做的第二件事，避免我们犯错误。

第三件事就是做了网络游戏。其实做网络游戏是很偶然的。因为从2002年开始，自我感觉脑白金那个队伍很强。100多个干部，在市场上真是如狼似虎的一个团队，非常强。

有几年大年三十我检查，大年三十的时候我们的干部几乎毫不例外在上岗搞促销，而我们分股做的有11000人。这个团队好，然后我就觉得好像我就可以退了。2002年我就从管理一线退了，董事长、总经理也都不是我，各个副总和总经理他们配合得也非常好。退下去之后，我就没事干了。

我以前就爱玩游戏，玩单机游戏。我是搞软件开发的，我就喜欢玩游戏。后来越玩越沉迷，上班时间我本来是到公司去的，上班也在那儿玩游戏，有时候其他副总一来了我就把屏幕关掉，觉得不好意思。人家在那儿辛苦上班，我在这儿玩游戏。后来我想怎么让我上班的时间名正言顺地玩游戏。我干脆投资网络游戏。正好有一个团队，刚从盛大离开，正在找投资。这个团队搞了一个策划方案，说杭州有个人专门投500万元开发一款游戏。因为我认识那个人，那个人是陈天桥介绍我认识的，然后他要离开上海去杭州了，我说你开发一个好游戏要多少，他说500万元够了。我说开发一款最好的游戏是多少，他说1500万元够了。我说我给你投2000万元吧。最后他考虑了一下说行，我同意了。后来我将2000万元的投资方案提交到管理委员会上，我本来想这个东西看不见摸不着，估计肯定要被枪毙掉，后来竟然全票通过了。后来成功的时候，我就问，当初我奇怪你们平时审查那么严格，凭什么全票通过？他们说看你挺可怜，天天没事做，给你个事做。

投资完了之后我没管这个公司，因为这个公司有个团队了。我是满了一年才去的，开业的时候去的，我一问才知道2000万元已经花完了，还欠了外债300万元，产品还没研发出来。然后我就了解了情况，发现管理层上有个分层，这时候管理团队就呼吁说希望我来管理一下。

如果是好的话我不去，一看这个公司负300万元了，我就去管理。调研了一个礼拜之后，我说行，我来管这个公司。这个公司办起来还要再弄2000万元，然后我个人出钱，2000万元里面1500万元算我个人的，500万元是管理层的。

后来我就说剩下的你们管理层谁认，认完了我来认。后来我的1500万元到位了，管理层没人愿意认，我就摊派，不情愿也要把剩下的500万元认完，这样就有钱了。之后我亲自抓这家公司，2000万元到位之后，还了300万元债务，大概又花了700万到800万元，它就开始盈利了，就是产品出来了。

出来之后才发现网游真的赚钱，这个增长速度确实是呼呼地增长。我们产品投放市场之后，在线人数和收入应该是爆发性增长，现在我们每个月活跃玩家是990万人，同时在线少的时候是70多万元，多的时候是200万元，收入上一年有45亿元的税后利润。

靠着这款产品，我们就把它上市了，也就是2007年夏天的时候。后来业绩也不错，我们公司有个规范，因为我管这个公司的时候，一上来首先要给这个公司搞规范。所以一来审计也很简单，我们财务都很规范，公司规定了：第一，不准偷税漏税；第二，不准欠税。

因为很规范，所以正式启动上市到美国挂牌只用了三个月时间。2007年就在美国纽交所把它上市了。

刚上市的时候时机是最好的，现在我们跌破行情价了，真是不好意思。

但当时的美国股市是很牛的，那个时候就值那么多钱，因为美国是大牛市，要是中国股点也跌了一半，拦腰砍了一半，我们还没拦腰砍了一半，我们只跌了1/3。上市之后，我们募集了10.45亿美元，当然有部分是我个人的公司卖的老股，上市公司募集了8亿多美元回来。然后再加上每个月还有1亿美元的利润，所以这个公司账上的现金很多，我们花了之后还有6亿多现金。这个一上市之后，我们这个团队就共同致富了，当时我逼着他们买这个股份的时候，他们很不情愿，而当时1块钱人民币到我们上市的时候已经折合成700多块钱了。所以当时有人花了50万元买的，现在也是上亿的身家了。所以公司一上市，我们公司身家上亿的有17个。

我对这个挺开心的。因为我现在自己赚了钱开心了，但是好像也开心不起来了，反正再多几个亿、少十个亿好像也无所谓，因为我每天股票的跌幅也是二三十亿。但我觉得带着一个团队，这个团队共同跟着你致富，这个才有感觉，这个我就挺开心的。

所以这十年我就做了三件事，还好三件事我都做成了。别人也会问我，为什么你三件事都做成了呢？我说因为我做的事少，因为我做事胆小——我以前是胆大。

1997年之前，有人称我大胆，这10年实际上我胆子很小，胆子小有个好处，犯错误机会少，做事踏实。我相信大家有很多将来也想下海，所以根据我的感受，送你一句话：大胆设想，细处求证。就是你想的时候胆子都可以大，真正动作之前一定要胆小。像我过去那种胆子大最终要出事，但想的时候你可以海阔天空地想，做事的时候要脚踏实地，胆子要放小一点。

在做事之前，把一只老虎当一只猫来看，在战略上藐视敌人；要真是开始做事的时候，你要反过来，在战术上要重视敌人。

真正做事的时候还是要小心，要把困难估计得充足。

不要光是整天生活在闷事中，但真要做事的时候一定要胆子小、谨慎、脚踏实地。再一个就是上来做事要规范，想要做大事，一定要规范，做小事不太规范好像时间短也没什么问题。但是你如果想干个事，做得比较长久的话，所有事情都要做规范。

中国有个规律，王石有次跟我说的规律，结合他自己的例子——不该你赚的钱，你赚到了，将来一定会加倍吐出来。他创业初期也有不规范，在深圳倒卖录像机，他们是靠这些起家的。

后来我回想自己的过去，好像也是这样的。当时我也没太多的规范，我当时和他差不多。以后你们年轻人要创业，要想真心创业，从第一天开始就要规范。

问：您是一个超重量级的营销大师了，在营销史上也创造了很多奇迹。我印象很深刻的是，你曾经说过营销类的书籍对营销上起的作用不是很大。那么您的营销才能是与生俱来的呢，还是通过其他的什么途径学到的?

史玉柱：毛泽东为什么比王明在中国更成功呢？这个王明啊，喝的是洋墨水，都是苏联的一套，不了解中国的情况。毛泽东为什么能成功？因为他没出过国，是在农村土生土长的农民，然后他又具备知识分子的特性，所以他就成功了。

搞营销你不要迷信那些理论，那些理论可能有些是在食堂总结出来的。相当大比例的理论实际上是广告公司，尤其是国外过去几十年的广告公司总结的一些理论，这个度那个度，他们用那些理论是骗企业多花广告费的。因为有正确的理论，也有错误的理论。一个简单的问题被他弯弯绕绕地弄得特别复杂。

实际上**搞营销只有一个词，唯一的一个词，就是你的消费者。**

所以不管哪个行业，你要想找老师的话，你就找你的消费者。你把消费者研究透，你的营销方案就出来了。所以，过去我们坚持的是这个，这一条路，不信权威，指导我们的唯一老师是消费者。所以我老是逼我们的干部，每个月必须跟消费者说多少个小时以上的话，我用这种方式使我们的团队对消费者比较了解。

问：在您的谈话过程中，您说在您一生中，让您最感动的就是您的团队。我想问一下，您是如何让您这支团队成为跟您同甘共事的巨人团队？

史玉柱：同甘共苦啊，别同甘共事，20世纪30年代才叫同甘共事。

我认为这是两个方面，首先我作为公司核心人物，对我有一个考验，我这个人，首先他们会观察你，第一你是不是一个斤斤计较的一个人，你大不大度，如果是一个小肚鸡肠的人，一有风吹草动，肯定就会离你而去。

第二点你对人真不真诚，你对你的部下真不真诚。如果你对你的部下内心不真诚，你会在你的言行上表现出来。

我自我感觉，我的缺点很多，但我对我的部下很真诚，这样彼此容易建立一种信任。

再一个我选中的干部，也都是久经考验的。

因为我下海到现在19年，但我公司的主要干部工龄普遍在四五年以上，当初都是些大学毕业生，都是这些人。因为跟我时间很长，彼此又很了解，我有100多个这样的干部。所以我们共同经历过风，经历过雨，经历过成功，经历过失败，这样彼此的信任度非常高，我信任他们，他们也信任我。这个也是靠时间磨炼出来的，在这种情况下，我对我的团队还是感到非常自豪的。

问：您在《赢在中国》点评的时候，特别注重团队。您的团队在您比较困难的时候，同甘共苦，不要任何报酬跟着您；在您比较成功的时候，大年三十

不用您任何监督，帮您促销产品。这样的团队是如何打造，请您再给大家仔细说一说。

史玉柱：**建立团队是一个庞大的系统工程，是办企业第一重要的要素，**短时间内说不完，我就选其中的几点说。

一个团队好不好，首先作为核心人物的老板做得正不正，你做得不正，这个团队肯定会散掉。

作为老板我就要琢磨员工，他为什么要跟着我干？

感情有时候有不可替代性，除了感情因素之外，他跟着你干主要追求什么？要仔细罗列，能罗列出几十点，但我认为其中两点是最重要的：第一点收入，他个人是否改善，这个过去可能我们羞于启齿，包括我第一次创业的时候，老是用事业心、企业文化想去淡化这个，事实上是不对的。

我觉得作为一个老板，心里要明白是不是大声实事求是说出来，他凭什么跟着我干，就是为了钱。

为了钱这是很正当的，我跟你干，我要获得一个好的收入，我要改善我的生活，我要提高我的生活质量。既然非常正当，就可以放在桌面上去说，在条件允许的时候应该满足他，他作出多少贡献你就应该给他多少报酬，所以上级对下级一定不能抠。员工该拿的钱一定要给他拿，除了正常该拿的钱之外，如果他有贡献的话你还是要给特殊的收益，这是第一点。

第二个追求是个人自我价值的实现，这个跟之前我说的事业心相关，他总是想个人的价值实现得到上级、同事以及同行的认可，你就要创造这样一个环境、这样一个条件，你要给他搭舞台。

光有第一个是不够的，光有第一个公司的氛围是没有战斗力的。如果再加上第二点，你给他搭一个舞台，让他满足他的自我价值，让他这方面得到充分发挥、施展。

如果满足这两条，第一个收入，第二个个人自我价值的实现，其他你再有一些不足，实际上他不是太在乎。最重要就是这两点，我带队伍带了这么多年，我的感受是这样。

2008年9月 深圳大学演讲

我的创业感悟

结合我的创业经历，谈一谈我对创业方面的一些感悟。

第一点我想说一下创业需要什么。它需要亲力亲为。我到麦肯公司去跟他们的CEO聊，我发现他管企业管得非常好,连欢迎我们去的桌子上面的花放在什么位置，都有讲究。**我发现很多成功的企业创业的初期和中期，都是一把手亲自抓细节，我觉得这应该是至关重要的，甚至是必不可少的。**

1989年，我刚毕业创业的时候，那时候没有互联网，什么都不懂，不像现在18岁比我们那时候28岁见到的东西都多，但是我们为什么一炮就能打响呢？最关键的一点就是我自己亲自去抓最重要的细节。公司草创时才两个人，同是刚毕业的学生做我的副手。我自己研发软件，当时叫M-6401，其实就是现在的一个Word，但是功能没有现在这么强大，在当时还是挺不错的。软件研发出来后，我每天都会修改，要把这个软件改到极致，用起来很方便。然后我就尝试向很多机关推销，因为就机关有电脑，当时我就总结出一套能说服他们的理由，把说服他们的理由提炼出来写成广告方案。当我自己觉得已经一个标点符号都改不了的时候，我就到北京中国唯一一个计算机领域的报社，把我们的软件演示给他们看，说我要打广告，开始他们不同意，因为我连自己的公司都没有，我还得挂靠别人的公司，也没有钱交广告费。后来我就不断给他们讲解，可能是感动他们了，所以给我打了三期的广告，这是一个很小的广告，登了三次，总共是8000多块钱。然后我再回到深圳，因为我是在深圳创业的。由于没有钱买电脑，我又找了一家电脑公司，又把我的软件演示给电脑公司的老板看，老板觉得我的软件是能卖得掉的，所以就借给我一台电脑，其实就是卖给我一台电脑，不过是推迟半个月付款。这样，我的创业条件基本上就具备了。

因为我那时候是刚毕业的学生，虽然我的家庭条件不属于很差，但毕竟只是一个普通的干部家庭，我爸爸是公安局的基层干部，我妈妈是一个工人，所以我们家不会有那么多的钱，但我还是从家里借了4000块钱，到深圳去创业。因为每个细节都是我自己抓，抓得比较到位，就觉得我是会成功的，要有这种感觉，一定要把自己感动，认为我这个工作做得太好了，这样才行。**因为每个人都会过高估计自己的能力，当你自己觉得还可以，其实肯定拿出去还不行，只有当自己把工作做到自己都被感动了，这时候才可以。**

后来广告一打出来，果然效果就非常好，第二天就开始有业务了。大概过了一个多月的时候，我们的收入就开始非常好。这时，我们的员工已经有4个人，都是穷学生，没见过这么多钱，这时候大家的心态都开始变了。其实这就是一个坎，如果这个坎过不去，以后还挺麻烦的。我们其中有两个人，就说我们把这个钱分了好不好，现在已经有这么多钱了就不干了，我没同意。最后这两位同学就提了很多要求，要走，我说你们既然不想干了，那我就给你们一点钱，然后他们就走了。

到我有100万的时候，我就开始重点研究广告了，因为我本来是一个研发人员，对市场什么都不懂。我觉得既然软件研发好了，产品也定型了，能卖多少取决于我的市场做得怎么样，而市场做得怎么样取决于我的广告做得怎么样，所以这个时候就专营广告。我就决定对我的广告进行完善，因为我之前打的广告都是自己改，那个版里面每个角落都写上汉字，密密麻麻的，因为每一个角落都是花钱买的，生怕浪费钱。

这是最早的想法，后来我就觉得这个思路是不对的，**做广告最关键的是能不能把你的产品卖出去，即把让对方买的理由说出来，然后就是对方能不能记住。**这两个少一个都不行，如果你的理由说得很充分，但是对方记不住，记不住其实你说了也白说，像我把一个广告的版面都填得满满的，读者一看到密密麻麻的就烦了，就不去读你的文字，这样你再好的广告也起不了作用。

此时，我的公司已经做成了，叫巨人公司；产品名字也定型了，叫作巨人汉卡。但是后来有人盗版汉卡软件，我就搞一个加密卡，又放了一个汉字库。中国汉字是由6000多个一级二级字库的汉字组成的，我把每个字的宋体、楷体、黑体、仿宋四种字体的字模就放到汉卡里面，所以才叫巨人汉卡，代号就是M-6401巨人汉卡。

在这个时候我需要更多的知名度，所以我又设计了一个广告，这时候有钱了，有点土豪心态，我就开始想用整版，后面想整版还不过瘾，那就两个版拼在一起。两个版拼在一起之后，我又搞了一个很大的标题，就是M-6401巨人汉卡，下面一段文字的介绍。

经过不断的完善，我把这个广告细节都已经说透了，就剩干的了，就想干的就别说那么多了，我就把广告都给简化成M 6401巨人汉卡。临到送给计算机报社的时候，我想干脆把巨人汉卡设计在一起，这样就是两个版拼在一起，当我把巨人汉卡的广告传到计算机报社，到快刊登的时候，我说把汉卡两个字也去掉吧，就是一个版一个字。

这个现代广告思路很开阔，在当时彻彻底底的计划经济时代，中国还没见到过这么大的广告，有点像大字报一样，所以在计算机领域产生了轰动，一下把人的眼球给吸引过来了。很多人从来没有听说过巨人汉卡，就问巨人怎么回事，然后一打听，知道有了这么一个产品，这个广告打出的效果就特别好，后来我们的销售额基本上一个月100万元。

做得比较好了之后，就出了一些竞争对手。当时有两个竞争对手，一个是联想，联想的创始人是柳传志，当时我不认识柳传志。一个是金山，后来又出来两个。我打广告就注重突出我的产品和对方产品的差异性，我比它差的地方不说，比它好的地方我就说得很多，最后我成功了。但是金山软件确实做得比我们好。我们研发人员没他们多，这时候我们就觉得光靠广告不行，我的产品都超不过它。后来我就带领团队到深圳大学去研发。我们就以学生的名义租了一层学生公寓，开始每天在那儿研发，差不多进行了半年。我自己也编软件，最核心的地方我自己编，我觉得不是最核心的，让其他人员编。有的人负责渐变，有的人负责汉字输入，真正编辑的部分我还是自己干，差不多大半年就研究出来了下一代的产品，最后定名为M-6403。这套软件我们就比当时金山的水平要高。这个产品推出以后，我们公司资产很快就上来了，在1990年、1991年的时候，我是比联想大的。

公司规模一下就起来了，起来了之后我就开始不认识自己了，觉得我还是挺厉害的。开始我是谦虚的，这时候看有个两三百人的团队，一年有上亿的收入，我就开始膨胀了，不能正确认识自己，就以为自己做什么都能成功。所以我们公司就到了另外一个阶段，这时候我就抛弃了细节。因此，第一个就是一定要记得自己抓细节，第二个就是企业切记条件不成功不能做多元化。我觉得**一个企业的一把手，同一个时间只能干一件事，你们会看到我后面又干了很多事，但是我后面又遵守在同一个时间节点上只做一件事。**

但是巨人集团这时候做活了，公司在当时也很大，一下我就自我膨胀了，这样自己就不认识自己了，因为外在有很多光芒，这时候就开始犯错误，就开始做很多生意，差不多一年的时间，一下就做了十几个行业。当时我去美国发现一种特别好的口红，这种口红喝茶的时候不会印到茶杯上，我把它引进到中国来。在传销还不算违法行为时，建立了传销部，建好之后传销就变成违法的了。自我膨胀、自我陶醉的结果就是巨人要倒闭了，只是时间问题。但是当时我的团队包括我自己都没有意识到。我们把所有的产业归拢到一起，取了一个名字叫百亿计划。把所有的产品集中在一起去打广告。那时的自我膨胀让我不去抓细节，不在乎广告是否能告诉消费者这个产品对他有什么帮助、能给他带来什么，仅打知名度。后来在打形象广告时出问题了，被国家工商局叫停了。

现在回想起来觉得很可笑，那时候不到30岁，不知天高地厚，所以巨人到了高峰维持了两三年就走下坡路了。这段时间最大的教训就是一个人的精力和能力是有限的，在同一个时间节点上你最好只做一件事。同样你的副手也是。如果说这个人管营销，你就让他管营销，不要插手研发；这个人管研发，不要让他插手营销；这个人要负责财务，你不要让他负责财务以外的事情。那管研发的人也是，不能说研发你都管，这段时间最重要的项目你亲自去做，最重要项目的研发的最核心环节你亲自去做。一个人精力有限，一定要聚焦。

下面结合我跌入低谷之后的感悟谈第三点，我的结论就是失败是成功之母，成功是失败之父。一个人成功了之后，他会忘乎所以，以为自己很能干，就为失败埋下了伏笔。相反，你要是失败了，你肯定会去反思，而这时候的思考、总结是最真实、最宝贵的。所以以后要听名人的讲座，最好不要听成功人士的讲座，成功时候总结的经验往往都是扭曲的，因为自大，往往看问题不全面。**成功的时候，你在空中，你在空中总结的东西不接地气**。我成功过，也失败过。所以我觉得失败的时候总结的东西往往一针见血，因为此时你冷静。你失败的时候，是你被摔到地上，甚至被人踩到土里去，这个时候你总结的东西是接地气的。后来我们公司很快地失败了，失败了当然表面的原因是资金链断裂，这是表象，根本原因是我和包括我的团队的责任，主要是我的责任，就是自大、做事不踏实，我陷入低谷是一个必然的结果，今年不陷入，明年还是要陷入；今年不摔倒，后年必然会摔倒，这个是内因所决定的。

摔倒了之后，的确压力变大了，开始几年睡不着觉，后来压力大到一定程度最后也能睡着。这时候我开始琢磨脑白金了。最困难的时候，整天去找投资人收购我们的公司，开始我还要价，说你出到5000万元，这个公司你控股，占50%，到最后兵败如山倒。过去我的很多朋友，打电话都不接了，他认为只要我找他肯定没好事。以前自己很狂，别人见我还挺牛，现在我去找这些人谈合作，经常要受很多不好的目光。那时候就陷入这样的低谷，努力救了差不多半年，巨人实在救活不了，在彻底没希望时，我进行了深刻的反思，关在房间里面差不多两个月不出门，最终也思考到了一些我们失败的真正原因。

于是，我们又开始想重新起家。我们当时有很多选择，软件、保健品，包括医药各个方面，最后我选中了其中的一个产品，就是改善睡眠的，后来取名为脑白金。在做这个产品之前，集资差不多够了，我也总结了保健品要做成功必须要过三道关：第一道关就是从理论上这个产品是站得住脚的，如果理论上站不住脚，别的专家一骂你，这个产品就过气了；第二个就是这个产品一定要有效果，因为保健品研发成本不高，有几千种产品供你选择，你完全可以选到有用的东西，有用的东西和没用的东西成本也就差几十元钱，所以一定要选有效的；第三关就是消费者觉得有效，一定要消费者自己感觉到，要别人提示不行，比如说脑黄金，是不是好东西，是好东西，它是人发育的时候大脑所需要的一种营养，但是它有一个缺点，消费者服用过之后，他不会立刻感觉到聪明了，这其实是个市场效应。所以后来我总结，要做一定要做一个他自己服用之后会觉得有效的产品。当时我研究市场有一个产品做得非常好，是盘龙云海的产品，叫排毒养颜胶囊。后来我就研究它的配方，配方里面有大黄，大黄吃完能拉肚子，消费者就是觉得，我吃和不吃不一样，我不吃不拉肚子，一吃就拉肚子，这是有效的，这第三点也是很重要。

所以我就筛选脑白金的成分，脑白金是两种功效成分：一种功效成分是melatonin（褪黑激素），这种在美国的食品店都可以买到，它定义为食品，食品是没有副作用的；第二种是低聚糖，低聚糖当时在日本很热。

脑白金当时是一个非常好的产品，第一关、第二关、第三关都能过，因为第三关我吃了之后半个小时就想睡觉，大家不会说这个产品是骗人的、没有效果，而且又是保健食品，经过毒品试验各方面都没有副作用。如果有的话，我早就被抓起来了。

选产品一定要选一个扎实的产品。选中产品之后，我开始重新创业，但是产品报批大约需要半年的时间，这段时间我就接着反思。公司还在起步，这时候我还剩一点时间，从老爸老妈那里要钱，去了西藏。那时候人的压力还是非常大的。到西藏海拔那么高的地方，看到了寺庙里面那些很虔诚的佛教徒，尤其开车在马路上看到朝圣者非常的震撼。我和那些朝圣者聊过，西藏太大了，他们家离西藏不太远，也就1000多公里。当他们告诉自己的邻居们，要磕长头到拉萨的大昭寺，他们周围的邻居们、村民们都非常的羡慕、敬佩，然后这个人把自己家的房子、牛羊卖了做路费，带着邻居们赞助的钱，开始从自己家门口，磕长头，就是站起来之后他的脚踩着他的脑门磕过的地方，再接着磕头，一般要磕三年。很多人冬天就冻死在路上，死者的邻居、家人知道了以后说这是非常好的归宿，未来他的来世会怎样怎样，然后还会很高兴、很庆幸。看着磕长头的朝圣者，脑门上磕出的厚厚的茧，太阳晒、冰雪冻，也在磕，想想我现在虽然很困难，但跟他们比真不算什么，他们那种执着，那种能吃苦的毅力，确实让自己心里受到震撼。

我在西藏有过两次差点儿就回不来的经历，后来看到这些虔诚的藏民让人震撼的行为，回来之后，思路就开了。我的性格从那个时候就改变了。我以前很注重自己的形象，留个长发，回来就剃光头了，为什么？因为光头舒服，你们看着不好看是你们的事。以前我穿西服、打领带，现在光膀子干活，拿个带子把自己脖子系起来，怎么样舒服怎么穿，这时我就开始不太在乎别人的看法，自己想怎么做就怎样做，只要合乎道德的标准，就没有什么不能做的。人就一下放得开了，就轻松很多。我是1米81的个子，体重115斤，比女模特都瘦，从西藏回来以后，我迅速胖了，长到了145斤，人就是“心宽体胖”，就是什么都不在乎了，反正我是死过的人，人一旦放松了，其实也有好处。

后来脑白金产品报批下来了，我就开始做脑白金，不急于求成，慢慢做。我找朋友借50万元做启动资金。我能借到50万元，是因为在他困难的时候、我好的时候，我借了500万元给他，他还没有还我。然后他好了之后，我就借了50万元，他也很快借给我了。我当时要借更多也能借到，但是我就借50万元，就做一个县的市场。我找了无锡的一个药厂，要求对方帮我加工，因为保健食品是可以加工的，我就给它15万块钱购买原料，然后生产一批产品。因为只做一个县的，不需要生产太多。为什么选择那个药厂，因为那个药厂是通过GMP认证的。中国的药厂当时是没要求GMP认证的，它通过了非常好，它帮我生产，生产的质量非常好。后来我又花了一部分钱把我欠的工资还回去了，因为当时欠了员工半年以上的工资了，然后拿了15万元去做广告。

这时候我又开始自己写广告，每天狠狠地写，写完了之后改，又回到我刚创业初期，自己抓细节，产品的细节抓完之后，我就抓广告。后来每个广告都是自己写的，写完之后我要我的部下拿着广告跑到村子里，去跟老头老太太聊，像农村的老太太平时没事干，有人跟她聊天就会很开心，就拿着广告去给她读，看看能不能打动她。不能打动她，回来我再接着改，直到这个广告能打动她，让她说我想试试这个产品，这个广告就成功了。

经过这样扎实去做工作，一点点做，用了一年多一点的时间，把全国市场打开了，除了广东和北京。这时候我们一个月的销售收入有一亿多。这时我就吸取了我过去的经验教训，最大的感悟是人在困难的时候不要气馁，这时候要认真反思。这时候是人生最宝贵的时刻，是你的最大财富，一旦你要是成功了，一定不要得意，你一得意，就要摔倒。

我再结合下一个阶段再谈一下，谈一些关于管理上的问题。企业的管理不是说我的规章制度越多越好，管理方案越复杂越好。这时候我整个公司的规章制度就一张纸。现在这个脑白金的公司你们去看看，肯定不行，因为我已经十年没管了，他们的规章制度越来越厚。其实管理是越简单越好，你要是想去补漏洞，去丰富它，这是有度的，如果你要搞的太多，当管理方案超过20页纸之后，你的管理方案就没什么效果了。现在回头来看，那段时间我们公司的管理是最有效的。这是我们管理上的一个感悟，即做什么事不能都做，什么又要试，要大胆地尝试。我当时就提一句口号，就是试销市场快不得，全国市场慢不得，当你们产品还没有足够丰富的时候，尤其当你的营销方案还没有得到市场检验的时候，一定不能侥幸地在全省、全国去推广，所以一定在那个市场把产品完善透了。只要一个市场做成功了，就应该把它的经验教训总结出来，写出相关的操作手册。

选员工的时候，尽量选素质高的，但是真正在做培训的时候，一定要把他们当成农民工级别的水平，比如我在写操作手册教他们怎么做市场调查的时候，第一句就写到："要敲门、面带微笑"，在住户开门前一定是要面带微笑的，写到这么傻瓜才行。在做一个市场试销的时候，要把这个做好，应该怎么做市场，比如这个产品在药店、卖场摆放的时候，总结出来摆放的高度一定不能低于1.5米，也不能高于1.8米，因为再高或再低，消费者就看不见，就注意不到了，要总结这些很细的东西。你认为这个产品没有什么，其实你认真总结也会有几十条经验。各个岗位的人要干活，就试销的时候一定要把工作做细，但是事业一旦成功，全国市场就你最好，因为这个只要你的条件是具备的，只要你有资金，你就有团队。

下一个讲的是一个人将来不管是去应聘做一个职员，还是自己创业，最好去做跟你的爱好相兼容的，就是你喜欢的工作。我举一个例子，就是巨人网络方面的。产品做好之后，就像脑白金、黄金搭档做好之后这个公司我就不管了，因为我适合创业，不适合守业，我没有耐性。所以我把公司交给CEO、财务、营销，我就不管事了。我上班就天天在那儿偷玩游戏。后来我玩盛大的游戏《传奇》，是当时很火的游戏，最后我在游戏里面花钱买了一个我那个区级别最高的号，看谁有好的刀、衣服，都花钱去买，每天不睡觉。在软件公司的时候，就是白天睡觉，这时候我已经是中午才睡觉，一直到吃午饭的时候我才开始睡觉。在游戏里面，我已经买了好的号，但跟别人十八九岁的孩子不一样，没有他们操作灵活，所以老被别人欺负，总是打不过人家，打不过我就生气，一生气我就冲到盛大CEO陈天桥的办公室去了。我就说我的经历，后来陈天桥就给我出出主意，但是也没解决问题。后来就走歪门邪道了，因为我是搞软件的，我知道软件哪里有漏洞，我发现它里面有一个BUG，什么BUG呢，就是从一个场景到另外一个场景的时间，其实在内部软件就是一个服务器到另外一个服务器的时间，中间有0–2秒的时间差，我就干了一件坏事，我从这个场景往另外一个场景跳的时候，在旁边准备了一个电脑，我这边跳的时候，那边同时登录，一登录，我一个角色在电脑上同时出现了，我身上的游戏币就变成两倍了，然后就交易，一作弊，很快被工作人员查出来了，一被查出来，就把账号给我封掉了，因为这个确实是不允许的，这个在现实中是要坐牢的，一封掉之后，我就抓瞎了，我这么喜欢的角色，再找陈天桥也不好意思，因为是我的错误。所以我一生气就自己开发了一个游戏，后来我就投了两千万，去研发一个游戏，这个游戏后来叫《征途》。

我研发初衷是为了自己玩的，自己玩还有一个好处是我以后的主营业务是网络游戏了，以后上班时间就可以玩游戏了。后来这个游戏研发好之后，我就自己去玩，这时候我和研发策划人员发生了冲突，关于理念上的冲突。我说你这个理念应该这么改，他说人家不是这么干的，比如我提出来，那时候赚钱都用点卡，那么学生、下岗工人，玩这个游戏的时候不交钱就玩不了，如果像我这样的玩家，一个月花几万块钱我也可以干，我跟他是同一个水平，我说就应该改成这样，所有人都可以来玩，只是好的道具需要花钱买，但都很贵。这个他们相当不同意，后来我说这样，第一款你们用我的想法，多方思考之后你们再做决定，后来就按照我的思路做了，就做了《征途》。行业内说这根本不是做游戏的人做的，因为我确实不懂游戏的规则，就做了很多改动，后来投放市场之后，其实才三个月，我的月销售收入就过亿了，利润很高了。

第二个就是程序里面给你个数字就行，后来《征途》之所以很快地起来了，就是因为研发人员没有按照调整活动来，而是按照我的标准来的。你让那些科班出身的人做的游戏，都是一样的，都没有营养，后来我这个游戏很快就到美国上市了，上市也很成功，募集了10亿现金回来，后来一看这个公司走入正轨，我又不管了，我又交给CEO他们去管。

后来我又整天没事做了，此时公司现金流比较多了，于是陆续搞一些金融投资，金融投资我的感悟就是一定要投资你最熟的。我投资时机是不对的，但是我买的民生银行，到今天还是赚的，我还有50%的毛利。为什么投了之后我一大半时间就是在那儿上班，虽然没有我办公室，但我为的是去研究它。

一个人要成功，都是用心血浇灌的，不管你是创业也好，做实体经济也好，搞金融搞投资也好，都是要自己的心血去浇灌，只有用自己的心血浇灌，才能真正成功。投机取巧也有可能会成功，但是这个成功很快会面临失败。

问：您是怎么做到半年不发工资，别人还跟着您？您是怎么处理您和团队的关系的？

史玉柱：首先我想说半年不发工资是不道德的，这个能不做尽量不要做。但当时我确实是没办法，实在没有钱。那时大家还愿意跟着我，一是因为大家对脑白金这个产品有信心，脑白金的效果非常好，除了我自己吃，我让他们也吃，他们吃过以后，当然他们年轻，有时候第二天早上都睡不醒；二是大家对公司信用有信心，加上我个人的辛苦和努力。没有这些，再高尚的人也会跑。

至于怎么处理和团队的关系，我觉得充分信任和放手是最重要的，就是你把他放到那个位置，你一定要把人权、财权都给他，不要你给他一点权力，你在旁边看着，如果他不行，就换掉他。一旦他站在那个位置，你一定要充分地相信他，你只有相信他，你才算真正给他搭一个舞台，他才能起来。其实私营企业家想做到这点不是太容易的。再一个就是我用的人都有一个特点，就是跟我时间比较长，所以道德方面几乎是没有什么大问题，此时核心的问题是你怎么提高他的能力。我不太用空降人才。比如外面说某一个人很牛、很高级，于是把他空降过来，我空降过几十个都失败了。后来我用人都是从自己的员工里培养，这批人往往是最稳定、最奏效的。

问：您大学的时候肯定有很多同学和您一个专业，您当时为什么没有合伙创业，您觉得合伙创业的优势和劣势是什么？

史玉柱：合伙创业，如果放在现在讲我觉得对，但是那时候我决定创业是在1989年的时候，我曾经试探过和同学一起创业，马上被他们翻白眼，认为好好的铁饭碗不要，去下海经商。当时中国创业的人非常少，没有竞争气氛。

问：我现在也是创业的阶段，员工有时候做事情不够细致，做不好，你自己做的时候就会有一个很好的结果，但是我现在形成的一个局面就是我的员工他有一点点小事都来问我，比如说安排遇到一点点的问题都来问我，这个应该怎么办？

史玉柱：是这样，我觉得创业初期的时候，一定要亲力亲为。当你有一定规模，或者有几个员工之后，你要记住，我这个企业、店面、公司，最核心的环节在哪儿，你去做那个环节，你只要抓住最关键的环节，剩下的环节授权给他们做，允许他们犯错误。如果你公司小的时候，你可以所有的都自己做；当稍微有一点点规模之后，你就不可能面面俱到，一定得靠团队，靠团队就要授权，授权的前提就是要给他们充分的授权，第二就是把他们个人的利益和他做的那方面紧紧地绑在一起。

问：您这么多头衔里面，慈善家、企业家、创业家、软件工程师，您个人最倾向于哪个?

史玉柱：我倾向于我自己微信、微博上面起的名字叫史玉柱大闲人，我也和马云讨论过，“你办企业是为了服务中小企业的，是为了解决就业的，你看你一收费，全中国都在骂你，你也是有身份的。你整天做这个黑心老板挺好，甚至还做点慈善，然后别人可能之后会说你看这个黑心老板没那么坏的。”这样我就特别欣赏自己的称号，大闲人，就是很闲没事干，其实我也不是很闲。

问：您经历过这么多不同的经历，到底是什么成为您的动力，让您在失败的时候勇敢地面对，而不是放弃?

史玉柱：我说过，人失败的时候是人生价值最高的一段光阴，这段时间只要你利用好，你的人生会上另外一个台阶。我当时也没想那么多，就是咬牙撑着，遇到再大的困难也坚持下来，总有一天会从泥潭里爬出来。其实绝大多数失败者只要你撑着，一定能走出来，以后就一定能获得成功。如果一些人在失败的时候，在外界条件允许的时候而没有起来，一般来说都是因为他中途放弃了。只要你在失败时坚持下去，就一定会成功的。

问：在您人生自我膨胀的时候，您的周围肯定会有一些很逆耳的忠言出现，有的可能也会伤害到您，您当时是怎么对待这些逆耳忠言的呢？到现在您

再回想一些东西，忆起这些人和事，您又是一种什么样的感情呢？

史玉柱：我给你说两个我的小故事，第一个就是在我最膨胀的时候，我火气非常大，有时候我的员工、干部和我争吵，我甚至拿烟灰缸砸过去，那时候听不进去，又吵不过人家，就恼羞成怒。另一个是1997年——我们最困难时，我开过一次“民主批斗会”。我们公司差不多有30个骨干，一起到一个招待所，关了差不多三四天，就开我的“批斗会”。每个人给我提意见，话都说得很难听。但是现在我很感谢他们。因为那时候我理亏，没有理由砸他们。那个“批斗会”对我非常好，从那以后直至现在我变得比较心平气和了，如果下面再有人说反对意见，我很少和他们争吵。

问：请问您对财富的态度是什么样的？在未来的五到十年投资重点是什么？

史玉柱：财富这方面，人的钱到了一定程度，多少都没有影响的。人在最初想要创业赚钱时是想改善自己的生活，当这个问题解决以后，财富就变成一个数值，但是还有感觉，为什么？因为它是你事业成功的一个指标。未来会做什么，我未来会做得比较窄，不会轻易地去做。我会接着做金融领域，会找一些回报非常稳定的、安全的领域，我最近正在寻找这方面的投资。

问：我从小非常关注您，您的投资我一般也会跟进，我注意到您除了金融银行方面的股票，您还投资其他方面，比如说辽宁成大。我想说您做这些投资的时候，是有一个团队帮您分析，还是您跟那些老板比较熟识，了解哪个就投哪个？

史玉柱：我现在投资跟这两个都有关系。第一，我的团队如果不认可，我肯定不投；第二个就是我一旦投了，我一定要跟对方的核心团队了解。你说辽宁成大，其实我对油页岩并不太懂，后来我的团队认为这个还行，它是一个锁定三年的定向的项目，现在还没有交钱，这个是属于纯财务性的。

问：我还有一个问题，就是像您、马云这样的创业大家，在创业初期聚拢员工的时候是靠工资的承诺，还是个人魅力或是股份分配？一般您这样级别的人都不会在公开场合谈股份的问题，因为我自己也在做，在涉及实操的时候不会仅仅凭借个人的魅力而留住人的，而您是怎么做的呢？

史玉柱：你说的三个问题，前面两个是关于个人的魅力，就是你个人一定要花大量的时间交流，这两个都没有问题。关于股份，如果你一个人在你们企业有决定性作用，我建议你不要给股份，就你一个人有。给股份，在将来发展壮大的过程中容易发生分裂，容易因为股份问题产生矛盾，我说的是中国人的文化。如果你不是决定性的，而是两个或者三个人在一起才是决定性的，那你就不容易做了。所以我建议给股份要慎重，可以靠另外两点：第一，描述美好的未来；第二，给很好的现金。

问：公司管理包括您前面说的一些细节，可以看出是非常理性的管理，那您怎么处理这种兄弟之间的感情等感性关系呢？

史玉柱：把兄弟的感情带到公司来肯定是不对的，所以必须要做到管理无情人有情。我跟我的团队关系都挺好，尽管有时我批评他们批评得很厉害，但是批评过了之后我不好意思了，我可以下班之后请他们吃饭、喝酒。第一把他们当真兄弟，第二不能把真兄弟带到公司来。实践证明这个是对的。

2014年6月 剑桥大学演讲

我的失误与教训

我是中国一个著名的失败者。

今天我在这里，总结一下过去失误的地方和教训，希望对大家有所帮助。如果完全地总结过去巨人的失误可能很多，有100多个，我只想谈几条。

投资的失误

一个企业真正走入困境，很少是因为管理不善，很少是因为企业操作的问题，给企业造成最大的损失就是它做了不该做的事，不该投资去投资，这种投资是最大的失误，这是我们过去亲身经历过的。作为投资，企业应进行大量的论证，国外企业投资的话，只是总投资的百分之几，不然就会给企业造成资金周转不灵的状态。

结合过去的教训，我们总结出来，如果再投资，要本着几个原则。

第一，这个投资一定是朝阳产业，如果不是就不投资。

第二，要看这个行业你熟不熟，熟的就做，不熟的行业不做。

第三，你的干部队伍具备不具备，在新的投资中，你企业人员最大的特长能不能发挥最大，发挥出来就做，发挥不出来就不做。

第四，发现苗头不对要当机立断不做，如果你撑到最后，结果你的资金就会被耗光。

以上是我第一个教训，就是关于投资的问题。

资本结构不合理

这个问题尤其突出的是流动性太差，过去巨人的资本结构，要么就是办公楼，要么就是巨人大厦，要么就是一些债权，这个资本的结构不能流动，一旦出现问题，“抗病”能力特别弱。

比如说上市公司的股权，甚至金融上市公司的主权搭配这个资本就特别好，企业不会像过去那样。

还有就是过去巨人的资本结构的应收款，就是债权。我们巨人有商业的债权，巨人没有停止的时候，这部分是资产；巨人一休克这部分资源就变成零了，这样的资源运作有一些问题。

我们总结了过去的教训，在重新建立的时候，尽量缩小。目前我们在外面没有债务，去年我们做了十几个月，一分债务都没有，可能是过去摔跤摔得太重了。

管理不规范

管理涉及方面很多。

第一个是责权利要配套，过去我们开会经常说，《巨人报》也提出过，但都是停在口号上面，真正做到没有？没有做到。我认为对干部的责任、他的权力、他的义务三者必须配套，少一个都不行。

我们过去有这种情况，有权力的没有责任，有责任的没有权力，也没有利益这种现象。

我们分公司的经理，开始的权力很大，后来觉得有问题，权力又限制得很小。比如说今天晚上请人家吃饭，晚上得发个传真到总部批准，某种程度上和公司的关系不是很顺，管理上仍有问题。

第二个是货款的问题，这是个非常重要的问题。现在在中国，企业和企业之间信用存在一定的危机，货款如果管不好，乱账的问题特别严重，尤其是在医药和保健领域里面，乱账率非常高的，占销售额的20%~30%。

国外有一些公司，它搞欠款不多，所以我们自己定了纪律，我情愿生意做得小，但第一天就要是良性循环，不赊账，不欠别人的，这样企业不会在货款方面出现大的漏洞，拖垮一个企业。

第三个就是管理上，过去管理上面面俱到，没有重点，如果你看我们的管理制度，感觉还好。管理制度就有一尺厚，每个方面都有，财务的管理、营销的管理、质量的管理等，十几大册，每个册里面有分册，包括统计报表怎么做都有，很细，但是管理出现问题的时候，你要抓矛盾的主要方面。当时我们没有注意这个问题，不是每一个方面都可以搞好的，实际上做不到。

管理在有些地方要粗犷一些，主要是责权利的配套，有些细的地方不应该管理。过去我们没有这样做，最后导致巨人的管理流于形式，使企业没有战斗力。

企业文化流于形式化、不适用

过去巨人企业文化是要做东方巨人，那个东西没有用，企业文化是管理的乐趣，除了正常的管理之外，企业还存在不好的氛围，应该对它进行补充和约束，这有利于企业的发展。

光提口号是没有用的。过去的口号提得比较响，可在做事的时候有很多不好的气氛。

第一，是说到做不到。

开会报目标，大家都报了，报得很高，月底一看普遍完成不到50%，下次还这样。另外总部和下面的承诺也常常不兑现，上面和下面说到做不到，这样新的危机靠管理不行，这个问题解决不了。所以我们现在说，提到就做到，我们努力做，现在至少经理报的跟月底相比，实际上都大于计划书。这是企业文化暴露出的问题。

第二，是我们的干部不敢于承担责任。

一到承担责任的时候你推我，我推你，只要一个事没做好，每次都花很长时间找谁承担这个责任，找不到人，一个比一个会说。不承担责任，下次再失误也无所谓。如果一个国家就要亡国了，每次出了责任找不到人，后来我们也提出一个解决的办法。

第三，是每个人对别人要求很高，对自己的要求很低，总是盯着别人的部门。

中国人有这样的现象，往往自己作出的贡献看得一清二楚，怎么苦过来的，但别人做一件事他却认为很简单，普遍存在这样的现象。这样的客观现象对别人的功劳不屑一顾，对别人的失误看得很厉害，对自己的失误能够原谅。这样的话，怎么搞企业文化？只有每个人对自己严一点，对别人宽一点，严以律己，宽以待人，这样才有利于公司的发展。

第四，是企业文化的问题，就是喜欢强调困难，强调苦劳，这件事情我没有功劳有苦劳。

对中国人来说，苦劳和功劳没有任何区别的。苦劳是没有做成任何事情，所以企业应该只认功劳，不应该有苦劳，重在结果。过去一件事没完成，我们巨人在最低谷的时候，1997年、1998年推行这个有效果，对战斗力有所提高。

第五，就是经济状况好的时候大手大脚，浪费情况严重。

人一旦大手大脚就浮了，人不艰苦的话他的战斗力不够。解放战争时期，国民党的国防指挥部有漂亮的大楼，共产党的却是山顶的房屋。一个企业即使效益再好，艰苦奋斗还是要强调的，如果不强调这一条，这个企业的战斗力就会削弱。

2001年2月 中国民营科技企业新世纪高峰论坛

我是赌徒的反面，胆子最小

反思网络游戏产品研发机制

12年前我去西藏，是因为老的巨人救活不了。救活不了之后我选择放弃，想着等以后赚钱再还债务，但当时也解决不了债务问题，就彻底地绝望了。然后新的项目脑白金那个时候是属于报批阶段，于是我就没什么事干，我很喜欢去西藏，很向往那个地方，所以我就去玩了，当时是这样的一个背景。

这次我去西藏是因为过去一两年一直在做网游。就是说我个人的角色是在抓研发，研发之外全部是总裁刘伟在负责。但是我感觉研发对我个人的依赖性很强，如果我个人状态出问题的话，会影响到整个公司的发展，所以我过去差不多有一年半的时间，逐步选择从研发这样具体的管理岗位上撤出来。所以我要去培养人才，我要去选合适的人，放在合适的岗位进行培养。

目前选中的人时间安排得差不多了，他也感觉到工作比较胜任了，我就突然从管理一线上撤下来了。以前很多事要做，现在突然一下子事少了，自己在上海也挺难受，所以干脆我跑出去玩，于是就去西藏了。

这跟12年前不同，当时我的公司已经死掉了，或者已经休克了，而现在我们也遇到一些困难，不过目前的困难是发展上的困难。首先公司没有资金问题，目前我们是零负债，不管我个人的公司还是我的上市公司都是零负债，而且还有好几十亿的现金储备。但是公司的可持续成长出现乏力，从去年7月份到今年这一年多一点的时间，后劲不足。虽然公司的税后赢利还是超过10亿元，并不是什么亏损公司，但是未来的增长点，发展战略如何确实需要思考。

巨人上市之后确实存在几个问题，首先是上市之后整个研发团队的创业激情消失了。为什么创业激情会消失呢？就是上市之前除了我之外，大家都很穷，就靠工资，尽管工资一个月可能还有一万两万收入，但在上海这个地方这个收入至少不算富裕。但上市之后，一下子出了那么多百万富翁、千万富翁了，这些研发人员住着别墅开着宝马上班，他就不像以前那么拼命了，干扰太多了。过去可能就研发一件事，这个时候的干扰就是说，宝马又出啥新款，哪儿的别墅打折销售，人都被干扰了。

公司大了我觉得出现浪费也没关系，反正账面还有50亿元现金放着。但是好几千人的公司容易出大公司病，大公司病一出来，大锅饭情况就避免不了。所以现在的解决办法就是，把每个研发人员放到小的核算单位里去，除了像《征途》运营比较成功的留在集团里面，把所有其他的项目都成立一个独立的公司。一个项目组成立一个公司，到工商局注册的独立的有限这种公司，然后就是巨人网络出现金占51%，所有的研发人员必须要掏钱，入了49%，如果这个项目成功了，这个49%你可以分红，如果你出现了第二个《征途》，那么你这个公司就可以继续上市了。如果亏损了，巨人网络的51%必然是亏掉了，你的49%也没了，这样的话他们的压力就大了，这样创业的激情又被重新点燃。

员工没有不干的，因为网游公司成功其实都是很快的。所以每个人都在想，这个公司说不定也能搞成，也能马上上市，然后这样子的话一下子就把创业激情问题解决掉了，大锅饭的问题解决掉了。像过去加班到晚上12点员工打的回家，次日拿发票到公司报销，现在他们都不打的了，打的发票也不拿来报销了，他们自己知道节约了，这样我们整个研发的成本降低了。同样研发一个项目的费用，现在的费用比过去能减少一半，效率比以前高了。

网络游戏得非人民币玩家者得天下

免费模式现在大家都用了，我们的商业模式曾经的创新竞争力就没了，所以要继续创新。经过我们研讨，我们目前制定的战略就是模式再造，这个革新重点要靠向非付费玩家全面倾斜。所以我们就提出一个口号：得非人民币玩家者得天下。我们就以这个作为我们的基本指导思想来进行探索。

对于《绿色征途》，我还是充满信心的。现在我们正在研发7款游戏，未来一年都会上市的，7款游戏，都坚持这个商业模式。后面的游戏推出来的时候，我们的玩家会非常喜欢。

传统免费网游中，玩家需要的道具、材料、装备等必须通过官方购买，花钱越多角色越强。

《绿色征途》让非付费玩家有“钱”花，官方不再出售道具、装备和材料，玩家可以自己制造，并相互交易，非付费玩家可以通过制造材料，并出售给其他玩家获得游戏币。

非付费玩家更“强大”——传统免费网游中，非付费玩家无法获得好装备，在与付费玩家PK时处于绝对劣势。《绿色征途》保护等级低和装备差的玩家的PK环境，不让玩家只为游戏等级、装备花费更多时间和精力，使非付费玩家玩得更轻松，感觉更公平。一句话就是让非付费玩家更“重要”——非付费玩家拥有更多独特价值，不付费也能体验丰富的游戏乐趣和角色荣耀。

一个时期只做一件事

我和其他企业家的交流最近开始多起来，以前挺少的。因为最近我有意地减少去公司了，但公开活动我还是参加。企业家的聚会，我以前也是不参加的，现在我觉得谈得来的我一般会参加，但是这样也会有副作用。

不久前一个企业家朋友说，我有个聚会你得参加一下，抹不开这个面子，其实就给他面子，就去了一趟。结果一去才知道，那么多明星在那个地方，里面都是电影明星，但是电影明星我都不认识，于是很尴尬，这种事以后我还是要避免。那次是慈善活动。但即使这样，做事干吗一定要那么高调呢？比如说慈善，其实我们也在做，但是慈善应该低调地做，在中国高调地做完了骂你的人多。

泰山产业研究院、金鼎俱乐部，我主要就是这两个社交圈，这两个圈的大部分会我参加，我现在的企业家圈子基本上都是这两个。

我们谈的话题很杂，每个企业都谈自己的事。现在可能谈投资会谈得多一点，因为现在企业跟过去不一样，手里都有钱，谈投资，财务性投资，这个可能多一些。

1亿以上的钱，跟100亿就没有太大区别。有了房子，有了车子，有1亿，其实也就差不多了。比如现在我就觉得挺安全。

我以前胆子很大，其实这12年里我胆子是最小的。为什么账上放那么多现金，不敢负债？我一个时期只做一件事，其实是胆小的表现。至少我认识的几十个企业家里面，我是胆子最小的，而且是大家公认的，赌徒的反面。

2009年10月《金融时报》中文版采访

我的失败教训最值钱

失败的总结教训最值钱

我和中国一些青年创业者有一些接触，大家都已经把王利芬老师当作青年创业者的精神领袖或者说是精神支柱，因为王老师又创办了这样的优米网，这个网又是青年人的聚集地。马云，我们在一起聊天的时候，就觉得王老师和优米网在起步的时候需要我们这些搞企业的，尤其做得有一点规模的企业，共同给予一些支持，所以我参加活动的本意就是想为王老师的创业以及对优米网给予一些支持，这是我参加这次拍卖会的本意。

关于拍卖时间我没有想得很多，第一天拍到2万块钱，后来到8万的时候，我突然觉得我的时间这么值钱，我已经很满意了。

我只做一点事儿就能完成这么大的事儿，我的时间不值钱，我每天10个小时玩游戏，我少玩3个小时就可以拿他们出的190万元做一个很有意义的公益事业，所以这个事儿做的结果我非常满意。

我不善与人交流，其实如果谈得来，我的话题特别多，挺唠叨的。昨天和马云谈的时候我就挺唠叨。

如果马云拍卖，价格肯定会比我高，而且高得不止一点。我心里认为，第一是应该的，第二我会占便宜。如果他拍卖高，下次吃饭，他买单，我不买单，我能占便宜。

以后会不会像巴菲特那样，定期拍卖自己的时间？

我觉得这个不取决于我，还取决于优米网，如果优米网说每年拍卖一次，我就每年拍卖一次；如果优米网觉得没有这个必要，那就没这个必要。

我跟巴菲特没法比，这没有任何可比性，如果他是大象，我最多是蚂蚁。他是投资者，他跟别人说几句关键的话，可能一个礼拜就会收回这个钱。我过去的教训多一点，我会把教训讲给他们听一下，让他们少犯错误，说能给他们带来直接经济效益，我感觉不一定有直接效益。

不管是互联网企业还是传统企业，成功标准应该都是一样的，也就是说创业者他所设定的目标最后有没有得到实现。创业者制定的目标最后通过他的努力实现了，我觉得就可以定义为他成功了。

我曾经失败过，而且失败得轰轰烈烈，我觉得成功时总结的经验往往是扭曲的，但一个人失败后的总结教训那才是真的值钱的，所以我觉得我还是有一些价值的，如果和他们交流，我更愿意谈我失败的过程和我的一些体会。

营销的基础一定是好产品

关于投资理念，我觉得是这样的：没有把握的事不要投，千万少投一些。如果你觉得一个项目可投可不投一定不要投，如果把握不大，不要投。在现在的社会里面，在现有经济高速成长期，机会是很多的，投资要少，但一旦投最好要把这个投资投好，能让这个投资获得巨大的成功。

作为一个公司它其实就是提供产品，满足消费者的需要。但是首先一个前提，产品一定是好的产品，我知道社会对我有很多的误解，我不愿做太多的解释，因为这个东西会越描越黑，哪怕是白的。首先任何一个成功的产品，如果它做的时间长，这个产品一定会对消费者有帮助，如果没有帮助，一定不会做长久。

比如脑白金，销售13年，销售额还在创新高，但媒体朋友说脑白金是骗人的，这个不符合现实，一个东西骗一年两年可以，现在已经13年了还在上升。

所以假设脑白金骗人，这么多人又在买，是不是靠营销？**营销固然重要，但是它的基础一定是好产品，产品本身对消费者一定是有帮助的。**

我每天都在吃脑白金，我吃得挺好的，它改善睡眠，在全世界科学界、医学界、营养专家是有共识的，包括王利芬老师也吃过，柳传志也吃过，大家都觉得脑白金改善睡眠真的好，但是一到媒体那里就说不好，它卖了13年，销量在上升，所以对睡眠肯定是有帮助的。

我的东西总被妖魔化，一被妖魔化你就会觉得我的产品针对消费者的心，针对消费者的弱点，其实那是你们炒着玩的。

我觉得**一个企业想做大、做持久，一定要做好的产品、负责任的产品，否则这个公司根本做不起来，至少做不持久。**

其实我的钱并不多，什么叫钱？

钞票才叫钱，我现在是巨人网络、巨人投资相对来说钱多一点，巨人网络是在美国上市的公司，那不是我的钱，那是公司的钱，我只不过拥有它的股份。

这个股份我是不会卖的，不卖就不是钱，那就是纸，因为我的股份都没有转成可以到市场流通，所以这部分不能够算钱。但我比一般人还有一点钱。

至于这个钱将来怎么处理，我的想法是这样的，在年富力强还处于创业、发展时候，这时候主要的精力还是放在公司获取利润方面，我现在觉得好像也力不从心了，或者接班人都已经就绪到位了，我就退休了。

退休之后进入第二阶段，花钱阶段，大部分钱花在与慈善有关的方面。按照比尔·盖茨、巴菲特他们的说法，其实花钱比挣钱更难，你很难把钱用在刀刃上去，资金用在刀刃上，肯定要动很多脑筋，很辛苦。我知道这块将来具有很大挑战性，如果我精力不行的时候，我的主营业务就放到那个上面去。

2010年8月6日 优米网“史玉柱时间拍卖发布会”讲话

第七章

民营企业如何在逆境中成长

· 逆境的三个好处

· 巨人在逆境中是如何做的

· 如何从低谷中站起来?

· 巨人的企业战略

逆境的三个好处

逆境中成长最快

今天给我的题目挺大，一个是民营企业如何在逆境中成长，还有一个战略问题。我先简单谈一下我对逆境的一些认识，然后再谈这两个问题。

首先，我觉得应该对逆境有个客观的认识，因为它有它积极的一面。这个逆境，一般人认为它是个坏事，的确总的来说是个坏事，但是它有积极的一面。

古人说，失败是成功之母，确实是经过大量的案例总结出来的。段总（段永基）以前跟我说过，**成功的时候总结的经验是扭曲的，失败的时候总结的教训才是真实的**。这个细细一想，很有道理。你想我以前在成功的时候也总结出了很多经验，现在再回过头来看看，那些东西都是字面上的、官面上的东西。但是在逆境的时候总结出来的东西，现在回过头来看看，那还都是真的。所以这个逆境，它积极的方面还是很多的。

另外一个人的成长，并不是顺的时候成长，人是在逆境中成长的。顺的时候他是在吃逆境时候的老本，这不是说大家顺的时候一定要往逆境中走。

人真正成长的最快时候往往都是在逆境中，像我们的几个伟人，他们都经历过很多磨难、很多逆境。你看邓小平三起三落，每一次再起来的时候都比前一次走得更高；我们的主席也是，在苏区的时候也是被打击得很厉害，但是他一旦走出这个逆境之后，他的水平比以前会更高。所以对逆境要一分为二地来看，这是一个关于逆境的认识。

逆境中做事比较冷静

第二，在逆境过程中做的事往往是比较冷静的，而在成功的时候，都说要头脑不发热，但我估计做到是很难的。

我觉得绝大部分人在成功的时候头脑不发热几乎是不可能的。除非是经历几个周期之后才有可能做到。

我回想起来，我们比较成功的时候，大概是在1994年、1995年，现在回过头来看，那个时候是成功的时候，想法极其的荒唐，做的事也是十分的荒唐。比如说我们1994年的时候，脑黄金刚做成功，脑黄金做成之后，不能客观地评价自己的能力，不能客观评价自己这个集体的能力，不能客观评价整个公司的能力。就以为自己什么都能做了，我们盖的那个巨人大厦，本来是18层，后来觉得自己还挺有能耐，珠海当时最高的一个建筑是银都酒店，32层，后来我们就把它加成了38层。

后来由于种种原因，又觉得不过瘾，说了珠江三角洲当时最高的是广州国际大厦，现在正在拍卖的那个，说是63层，我们又加一层，我们的64层。后来真的一打桩开始建的时候，一想不知道哪天还要加呢，干脆打桩就按照88层打桩，所以楼还没建呢，地下桩基1个多亿已经下去了。

原来的1个多亿就可以把18层完全都盖好了，就是实际上这个钱花光了，只是刚把桩打完，连地下室还没有开始建呢。这个就说明人在顺境的时候比较荒唐。

另外脑黄金做好了以后，觉得我做一个产品、做一个企业能成功，我做其他的可能也能成功，所以在1995年春节一过，当时搞了一个我们自己号称的“百亿计划”，一下推了12个保健品，一夜之间推了12个，当然最后大部分都失败了。

然后不但以为自己的保健品没有问题，最后觉得药也能做，后来我们也就收购了药厂，包括在安徽也买了药厂，搞药，也搞了十几种药，最后这十几种药也失败了。我们本来以为其他的自己也能做，比如做服装，又做了化妆品，当时还成立事业部，事业部下面还设工厂。实际上最后全失败了。

因为隔行如隔山，比如说服装，我们是不懂的，但是我们误以为自己很厉害，所以也做了。我们当时也生产了很多，比加说衬衫、领带啊，最后几乎没卖出去，后来就自己用了。

我现在的领带还是那时候的领带，所以交了大量的学费，除了自己这个最熟悉的行业，当时是保健品和电脑这一块，其他的应该是全部失败了，就没有一个成功的。

所以说人在成功的时候，头脑特别容易发热，但是在逆境的时候，比如说我们在低谷的时候从来不想这些事，自己不熟悉的通通都不想了，那个时候做事比较冷静。

所以逆境还是有逆境的好处。

逆境中企业负责人过得更舒服

第三个逆境的好处，从企业负责人的角度来说，实际上生活在逆境比生活在成功中人舒服。

这是为什么呢？因为中国人有个传统，同情弱者，你成功的时候“红眼病”也多，想整你的人也多，要赞助的也多。在逆境中这些事反倒一切都没了，到哪个地方，别人都很友好，所以在逆境中，人的心情也容易好。

这是我对逆境的看法。

巨人在逆境中是如何做的?

如何在逆境中成长?

这个我还没有详细地去总结，我想我还是介绍一下我们当时在逆境中做的一些事，看看能不能给大家一些帮助。

巨人危机的缘起

巨人的危机爆发是在1997年1月份，由一些媒体的报道引发的，但是实际上，巨人的危机在半年前已经有了，只不过我们捂着外面不知道。

我们为什么那时候有危机?因为现金流不行了，就是转不动了，然后转不动时间很长了，终于捂不住了，媒体把它捅出来了，最后外面才知道的。

在1996年的下半年，我们的现金流已经出问题了，那时候我们就整天关起门来研究我们怎么样度过危机，因为这时候已经有危机，所以头脑不发热了。

那时候认识的问题，现在回过头来看，就比较深刻了。当时给自己制定了一个战略，就是拿巨人大厦（巨人大厦后来是危机的导火索了，因为它最吃现金）和别人合作，怎么让利都可以，放弃电脑，发展保健品。

当时定了这样一个战略，而且要发展保健品，要脱离掉原来的体系。我们当时一个说法就是“离开白区，到另外一个地方去开辟一个苏区”，那时候我们已悄悄地进华东了，1996年下半年我大部分时间都已经在华东了。

那时候就报批了一个产品——脑白金。

按照这样的计划已经在走，到了1997年1月份，因为我们的巨人大厦卖的楼花已经到期了，不能按期地付款，给不了楼，也给不了钱，这时候媒体把它曝出来了。那时候巨人在外面的形象还是挺好的，突然说巨人不行了，这个反差比较大，所以媒体特别感兴趣，于是猛炒。

我们统计了一下，在全国总共有三千多篇的报道，当然全是负面的。

本来那时候巨人已经开始略有起色了，因为那时候脑黄金的旺季也即将来了，脑黄金也开始能转动了，那个萌芽一下就被扼杀了，一下就陷入困境了。

因为当时别人欠我们的钱也多，我们欠别人的钱也挺多，当时我们有3个亿的应收款，因管理不善，有2个亿是收不回来的，但是有1亿元的应收款还是属于良性的。

当时叫进二结一，就是这个行规，就是我进你下一批货，给你上一批钱，必须有这样一个押着的付款方式，实际上我们还是良性的。但是巨人危机一爆发之后，这些人一看你巨人破产了，肯定就不还你钱了，能拖就拖，因为不知道哪一天巨人就不在了，因为那时候媒体报道巨人已经破产了；然后那些我们的债主，包括楼花的、供应商的，一看巨人不行，赶快来抢东西，能抢到多少是多少。

这些人蜂拥而至，一下好几十人，到了我们办公楼里面，看到什么值钱的就抢，包括电脑都被抱走，这样巨人一下窒息了，不能运作了。现在回过头来看，这倒还是一件好事，因为本来痛苦是很漫长，结果现在，它一瞬间一下就不痛苦了。

所以我能下决心放弃了，因为那时候可以感觉到，珠海巨人集团我们已经救不活了。

与其救不活，在这耗着时间，干脆就放弃它算了，我们就留了一个10个人的团队打阻击，在白区里面给我阻击，其他人都开辟苏区去，然后把大部队都拉走了。

当时实际上我没有办公地点，在华东，我说我的办公桌就是我那个手提箱，车到哪儿，我的办公室就跟到哪儿。

开始筹备做脑白金，我们在1997年8月份就开始启动江阴的一个县，那时候我们确实已经没有资金了。

很多人可能说瘦死的骆驼比马大，你手里肯定有钱，实际上那时候确实没钱。

如果巨人危机媒体早一点爆发，我们可能还有一点钱，它爆发得实际上还有点晚，晚的时候，实际上手里的钱都耗尽了，该发工资的发工资，该还债的还债，耗都耗光了。

记得我们最后还剩100万元的时候，当时还有一场官司，是我们的一个分公司惹的一个官司，跟娃哈哈打的一个官司。

娃哈哈说我们的吃饭香跟他们的广告很类似，就来打官司，后来也不是打官司输了，是我们调解输了，输了钱就要给他们，给完了以后，我们就没有钱了，连发工资的钱都没有了。

正式启动脑白金

然后1997年8月份，我们就开始正式启动脑白金，从这50万元开始着手做，拿了十几万元，委托一家保健品公司帮我们生产。

因为报批需要产品，脑白金就生产了几百箱，然后拿个十几万块钱就作为广告费启动江阴这个县级市，然后还有其他一些运作费就开始做。实际上第一个月并不成功，后来改一改方案，渐渐就成功了，一个县就赚钱了。赚了钱之后，我们就拿在江阴赚的钱于1998年初启动了无锡市的运作。

这时候方案应该是比较成熟了，因为我们那时候在低谷时期，制作的方案很客观、很实事求是、很务实。

我举一个例子，比如我们那个脑白金广告，我想大家大概都很烦，这个不光你们烦，全国人民都烦，但是那个广告挺有效果。

我说务实就在这儿，那个广告一打完了以后，尤其我们老的版本，就是有个娘娘腔老头的那个。那个广告因为我们当时没有钱，花了5万元钱制作，请了一个很小的广告公司做的，但是我们发现那个效果特别好，实际上因为制作成本很低，制作成本低导致了对演员各方面要求不高，那是误打误中。

成本不高，那个老头表现就不是很好，他是个话剧演员，所以面部表情很夸张。因为一个男的，表现得夸张一点，就显得有点娘娘腔，所以这个反差就大，别人就讨厌他。讨厌呢，他反而就把你这个广告记住了。

现在广告太多了，每天晚上一个人要看几百个广告，99%的广告大家是记不住的，等于白打，尤其越美的广告他越没印象。这个广告在里面属于另类，反而被大家记住了，是有一部分人说这个广告太讨厌了，我就不买你的产品。是有这样的人，可是这一批人里，终年我们跟踪啊，多数到了终端点的时候，到了商场的时候，要买东西送礼，他往往想到印象最深刻的那一个，潜意识里他还是买了。

还有一批人，并不是因为广告讨厌，他就讨厌产品，所以那个广告一打，那半个月，终端点所有的商场就卖断货了。

这是我们在最低谷的时候做的一个广告，后来情况稍微好了一点的时候，我们又做了一个更好的广告，我们说老让你讨厌不行，我们得搞一个好的。有时候就不务实了，请姜昆和大山拍了一个广告，姜昆的形象又挺好，那个广告制作费很高，播的次数也很多，但播了之后就不卖货。

后来我们又做了一个广告，效果又好一点，几个月前我们又犯了一个错误。可能这段时间大家看过脑白金广告，有个很小很小的小孩，大家觉得这个广告效果好。我们一调查，确实90%以上的人都说喜欢这个广告，但是我一调查下来，最后都喜欢小孩，广告说的什么都不知道。所以这个广告最后我们一算又浪费了好几千万，所以现在咱们停播了，不播了。

就是做什么都要务实，从企业的角度，**你能卖产品才是好广告，你不能卖产品，对我们企业来说就不是个好广告。**

现在回过头来说一下，我们1997年那时候一切做的东西相对来讲比较扎实，计划也不冒进，因为这是在低谷时期制定的，所以启动就比较顺利。

无锡第二个月就赚钱了，赚了钱我就启动了整个江苏的常州、南京、苏州，那时候又加了一个吉林市，东北的。这个一投下去，第二个月又赚钱了，用这个钱我们又启动了浙江省、上海市，这批又赚了钱，这个钱就多了，因为累积越来越多嘛，那最后一下就把全国给启动了。

所以这个用了一年多的时间就滚起来了，到了1999年12月份的时候，我们的月销售额就首次突破了一个亿，那个时候我们的日子就相对开始好过了。到2000年1月份，我们的月销售额就上了两个亿了。

巨人从低谷起来的原因

我们是从1997年的8月份开始做的，最近一些媒体报道有一些失真的地方，说某一个人帮我们策划了东山再起，在1997年10月份的时候帮我们制定了一个战略，跟我面谈，说我们第一要做保健品，第二要做脑白金，这个实际上不属实。

这个人我从来没见过，然后他说他还有跟我的对话。

当然这种事也比较多，现在在媒体上号称脑白金和我们的东山再起是他策划的人已经有10个了，这10个人我没见过一个，但是在低谷的时候就没有这种情况，所以我说还是低谷好。

总结一下，我觉得我们能从低谷起来，最核心的还是我们在低谷的时候能很冷静地思考，总结自己过去的一些不足、错误、失误，然后能加以改正，这是最重要的一个原因。

如何从低谷中站起来?

不灰心

下面我就谈谈在低谷怎么样站起来的事。就是结合我刚才说的。

第一个就是不灰心。不能因为低谷就灰心，如果灰心了可能希望就不大了。实际上低谷你要真正地辩证地看，也不会灰心，它有消极的一面，但它积极的一面更多。首先不要灰心。

果断地放弃

第二个要果断地放弃。因为你陷入低谷，往往不会只是一个产业或者只是一个产品，这时候，我觉得该放弃的要放弃。因为陷入困境，很多都是多产业导致的，所以该放弃的时候，要果断地把它给放弃了。

重新起步要选择自己最熟悉的行业

第三个，重新起步一定要选自己最熟悉的、能使自己的特长发挥的项目来做，不要选那些自己不熟的，尤其在那个行业里面，你还没有交过学费的。

你只有交了学费，你对这个行业才能有更进一步的认识，所以一定要选自己最熟悉的行业。

聚焦、聚焦、再聚焦

第四个就是聚焦。我们自己说话叫聚焦、聚焦、再聚焦。

你这时候只能做一个项目，而且这一个项目，从科研开发到销售、生产各个领域你还不能平均用力，在这里面，你还要重点去攻某一点，然后**把你的人力、财力、物力都往真正最有竞争力的那一点去聚焦。**

在低谷的时候要及时地总结

最后一条，就是要善于在低谷的时候及时地做些总结，尤其是制定一套规章制度，因为当你复苏后，你制定的规章制度往往又不合理了，在最低谷的时候去制定规章制度是最合理的。

像我们巨人和健特现在用的这一套管理制度，实际都是我们在1998年初制定的一套制度。现在都没变，可能语句上变了，比以前厚了，但是指导思想没变。

所以现在回过头来，我们觉得我们现在的管理还是挺好的。虽有很多问题，但总的来说，还是非常好的。

实际上我们做了哪些工作，也没有做多少工作，我们的规章制度制定很快。几天制定出来了，为什么会这么快制定出来了，而且实践证明又是比较好的呢?

因为你失败的时候的那些教训，它是刻骨铭心的。你在制定新的规章制度的时候，你去回避它就行。

比如巨人在高峰的时候，我刚才说有3个亿的烂账，其中有2亿元是因为管理不善而烂的，有1亿元是因为意外的。

那为什么会烂，因为我们货款是赊销的，所以在低谷的时候我们就制定，哪怕我做得再小，我所有的产品现款现结，你不做就不做，但是我就是现款现结。开始很难，大家都说做不到，但是咬咬牙撑过来了，最后也就做到了，所以现在和我们做生意的公司全部都是现款现结。

当然我们也不欠别人的钱，所有的供应商的款，我们也给你现款现结，广告费我们也跟你现款现结，就是我们也给你付出去，但是我们不欠别人的，别人也别欠我的。

实际上这样一旦进入良性循环，大家知道你这个企业就是这个行为，想和我做生意，就是这样的，慢慢被认可了，也就做到了。所以现在脑白金累计几十亿元的销售额了，但是没有一分钱烂账。这是管理的一个方面。

另外一个是激励干部的积极性。一是我们把很多事直接量化，再一个就是关于授权问题。

珠海巨人集团辉煌的时候，我们的管理制度看着是很科学很严密的。当时都是请管理学的博士还有很多MBA一起帮着制定的。确实从字面上看没有任何漏洞，但是管理起来不行，不实用。从教科书上搬的那套不管用。举个例子，我们在总部的时候，分公司遍布全国各地，分公司说今天晚上我要请谁吃饭，但你超过500块钱，必须先打报告到总部，总部批了，你才能报销，否则你钱花了以后报不掉。叫事前审核，是很合理，但是最后实际上做不到。公司效率也很低。

所以到了低谷的时候，我想反正天高皇帝远，分布在全国各地，我也管不了，管不了我干脆就不管。干脆把这些权力全部下放给你分公司去，你想请谁吃饭请谁吃饭，我在总量上控制你，就是你所有的费用我直接跟你的业绩挂钩，跟你的销售挂钩。你的奖金也挂钩。而且我明确这些产生的费用你确实有支配权。

这样一放开之后，大家反而节约了，他也知道你总部也不收回这些钱，反正支配是在各个分支机构支配，所以，他反而比以前更节约，而且效率也高了，因为他当时就可以拍板。

那么类似于这样，实际上我们就搞了个只有两页纸的规章制度。过去有一尺多厚，当然现在我们不只是两页纸，因为有的当时很多是原则，后来把它细化了，细化了也不会超过10页纸。但是就是这个东西实用，就是在低谷时期制定的这个实用。

现在你再制定的规章制度就不行了，走形式了。就是那时候的管用。所以趁着在低谷的时候，趁着印象深刻的时候，把这些东西该制定的都把它制定出来。

我这是谈第二个问题，就是关于怎么从困境中走出来。

巨人的企业战略

巨人不给自己定远大的目标

关于巨人的战略问题，我不系统地谈几点。

第一点，巨人现在不给自己定战略目标，说巨人现在有没有远大的目标，现在我们自己内部说我们没有远大的目标。我们不制定，尤其不列自己是中国500强、世界500强，将来多少年之内或者是在五年之内完成200亿元销售额、100亿元销售额的，我们不制定。我的感觉不一定对，因为我觉得制定这个是个坏事，比如说我给自己定，五年之内我的销售额，年度销售额要完成100亿元，然后你就会为这个五年100亿元的指标进行分解。分解到今年我要完成多少，明年我要增长到多少，后年我要增长到多少，就要分解。如果你这个目标定得不高，可能还没有什么危害，如果你的目标定得高，就会人为地打乱你的计划。比如说我去年是15亿元，假如今年我给自己定到要30亿元，要翻一番，那从我现有的产品、我现有的管理、我现有的资金，我不具备这个能力，但有这个目标，就逼迫我就要去做，那就要超常规地去做，违反规律地去做，最后的结果可能连15亿元也保不了。所以，我们就对自己说，第一我们**不定远大的目标，**

但是在战术问题上要把每件事给做好，做到最好。

比如对于正在市场销售的产品，那就要把生产环节做到最好，销售投入产出比把它做到最高，广告投入产出比把它做到最高；销售额就是我投入同样的广告，我怎样能产出销售额最大，就是在这些战术问题上，一项一项把它做到最高；然后能发展多少就是多少，听天由命。不去给自己制定一个远大的目标。这是跟我们过去的指导思想有一个变化，过去我们还有“百亿计划”什么的，实际上最后可能也就是被这些给害了。这是第一个。

巨人在选业务方面的几点原则

第二点，我们在选自己的业务方面有几个原则。第一主营业务要少。主营业务，就是集中自己绝大部分人力、财力去做的事，原则上只选一个。当不具备开辟第二个战场的条件的时候，就不去开辟。

在选主营业务的时候，还有几项细的原则。第一个就是自己不熟悉的行业坚决不做；第二，不能发挥自己特长的不做。就是问自己，我们企业和其他企业来做同一件事，我们有没有特长？如果我们能做，别人也能做，这个事，我想尽量别去做，因为中国的竞争太激烈了；第三，不是朝阳产业不做；第四，没有足够的人才不做；第五，没有资金也不做。就是这样，我们定了一些原则。

根据这些原则，我们目前给自己定了一个健康产业是我们的主营业务。因为我们对这个行业熟，我们成功过，失败过。

健康产业包括有保健品，包括医药中间的OTC，就是非处方药，也把这个揽入我们的产业。所以在近几年相当长的时间把它作为我们的主营业务。

当然，我们也搞一些其他的投资，但投资我们也有个原则。

第一，所有投资部门不能投自己的人力，就是我要保证我们的本部人员的精力全投在主营业务上。就是不投入人力，变现方便。所以我们在这方面现在也适当投了一些，比如像我们最近投的就是华夏银行，我们华夏银行投了一些，我们现在占了5.6%。这些对于我们的主营业务有个帮助。因为每个行业都有周期性的发展，就是主营业务也有可能哪一天陷入困境。但是你要是在另外一个领域投资又不花精力，比如像华夏银行你不用操它的心，你不用去管它，人民银行在管着它，它马上要上市了，上市后证监会还管着它呢，不用你管。你不用操心。

另外变现要方便，就是将来我的主营业务出问题的时候，它能变现，能为我们的主营业务给予一些支持。但是不能在上面投入的精力过多，这是第二个。

巨人是如何选择项目的?

第三个我想谈一下，关于选项目。一个企业实际上并不是动作越多越好，就是说我今天投入一个项目，明天又搞项目改造，后天我又干什么，实际上一**个企业动作是越少越好**。能少做一个动作，就少做一个动作。动作多了，失误的概率就大。但是认准一个项目，你就猛投。

巨人这几年来，实际上投资还是比较少的。几乎每天都有人推荐项目过来，但是我们真正投的还是很少。我们平均一年可能还不到一个。就是动作越少越好，但是一旦动作，就要尽量把这个动作的力度搞得大大的。

实际上脑白金在1999年就已经很成功，但是我们迟迟没有推第二个产品。按照行规，一般马上就推第二个产品，别人都说你这个行业的特殊性，产品生命周期比较短，你若不赶快推的话，你第一个产品就会怎么样，你企业马上就有问题，但是我们就是迟迟不推。

直到最近，我们才推了第二个产品，叫黄金搭档，这个在安徽已经销售了，全国其他地方从这个礼拜才开始销售。当时我们选的这两个产品，就是尽量选市场容量更大的。

我们选脑白金的时候，认为这个脑白金能做大。当时的分析现在看还挺准。还没开始做的时候，我们分析这个产品年销售额应该是在10亿元的规模。现在看已经连续三年了，确实都在10亿元。

现在推的黄金搭档，我们觉得这个产品启动得慢，但是这个产品的市场容量不比脑白金小。

因为在美国的维生素市场，光是我们这一类的产品，一年的销售额都是在上百亿美金。

而美国有3亿人口，差不多有1亿人在长期服用维生素。维生素因为很便宜，像我们现在推的产品，一天也就两块钱左右，甚至两块还不到。

实际中国能够吃得起的人，远远超过美国的总人口。

但是这个市场需要培育，将来这个市场的容量会非常大，所以我们选这个产品的意思就是我们要么就不做，要做就选大产品做，其他的动作是尽量越少越好。

在这里面，我想岔开一点，就是我刚刚谈的是保健品，我想谈谈我对保健品的看法。现在中国的人，尤其是媒体普遍地认为，中国保健品是产品生命周期短、容易启动，我觉得他们没有认真地分析这个行业。

这个行业你仔细分析，实际上是一个什么样的行业呢?

是个产品特别难启动的行业，就是你一个新产品，想启动市场是非常难的，不信，你看这五年之内，因为五年前做脑白金了，脑白金算是成功的，脑白金之后，到目前为止，中国整个保健品没一个新产品成功。可能局部地区有，我指全国范围内的。

这是一个很怪的现象，没有任何一个产业会这样。结论就是这个行业市场启动十分的难。第二个这个行业的产品，一旦成功，生命周期非常长，而不是短。

不信，你看一下市面上，卖得好的，脑白金是最年轻的一个了。10年以上的产品非常多，像太太口服液、昂立，像那个青春宝，现在做得也挺好。青春宝20年了，现在销量还创历史新高。目前在销的产品中，销量排前的产品，它们的生命周期都在5年以上。

电视机，我想任何一种款式的电视机，它很难保持5年不淘汰，电脑那更快，洗衣机我想也不会有5年。实际上对这个行业普遍存在一个误区，这是岔开的一点。

人才的战略问题

巨人不用“空降部队”

最后一点我想谈一下关于人才的战略问题。因为**一个企业最核心的实际还是靠人**，巨人重新起来，资金没有多少资金，实际上还是靠我们这批人。人确实是十分关键。

我想谈一下我们人才的几个观点，第一个我们不用“空降部队”。外面哪个人是个MBA毕业的，是个海归，这个人有多大本事，然后聘来做总经理，这种事我们不做。不是说他没有本事，而是中国很多企业的特点造成的。

现在回过头来看，过去十年之内，至少五年前吧，凡是用这种方式引入人才的中国企业，成功概率非常小。

为什么会失败呢？然他有可能很有本事，但是有没有本事是相对的。比如一个外科医生，在他的手术室里面，他是个人才，他跑到商店里面，要当促销人员，他可能还不如一个小学毕业的。他就不是一个人才了，他这个人才是相对的。

每个企业都有自己的特点，每个企业都有自己独特的文化。在其他的企业里面，是个人才，那只能说在那个特定环境下是个人才。换了个环境，你就不一定是人才。

再一个，企业发展的过程中，你已经组建一个队伍了，这个人即使是个人才，但是原来的队伍根据中国的传统文化，是不会接纳他的。你老总、董事长再怎么扶他，只要中层干部抵制他，只要内心里每个人稍微抵制点，他工作都展开不了。你再有本事，只要大家抵制你，你也没办法。但是你也不可能引进一个大海归，就把所有过去的人通通都换掉，也不可能。

另外还有一个原因呢，现在外面知名度高的说是人才的，实际上有很多也不一定是真人才。因为是真人才的人，往往不爱说话。实际上，真正的人才很少说这句话“我很能干”。

我看我过去用过的人里面，真正能干的人很少说他的水平高、他怎么样，凡是直接就说他的水平很高的人，最后来看，没有一个是人才，因为他都满足了嘛。

还有从心理学的角度，就因为他不是人才，所以他心里面不踏实，所以他就不断要通过说自己是人才，来弥补自己心理上的问题，所以我情愿放弃一些机会，我们不走这条路。

对干部充分授权

美国通用这点做得非常好。不管它现在出了什么问题，我觉得它的授权做得确实非常好。因为我看它的分析确实有道理。

比如说生产线，生产线怎么改造能提高它的生产率，董事会的决策不如生产线的一个普通工人的决策准确。生产线工人职务到最高是那个生产线的班组长，他们说的实际上是最准、最科学的。

董事会去制定一个生产线如何改造、如何提高生产率，肯定是不准的。等于是让一个最不懂的人做决策，最懂的人不能做决策，这必然会造成人的能量发挥不出来。

解决这个问题的办法就是**让最了解情况的人有决策权**。他对他最了解的那块有决策权，所以这就要求我们充分授权。所以现在我们一直在注意这个问题，做得也不一定很好，但是一直在注意这个问题，稍微注意一点，就发现确实公司没有内耗，而且干部的凝聚力也强。因为他有权力，也得到尊重，所以他干得心情也舒畅，凝聚力也高。

像巨人不管是在高峰还是在低谷的时候，没有出现一个“叛徒”。发不出工资的时候都没出一个“叛徒”，我觉得这与我们这条有关。

真正的巨人干部没有出来说过对巨人不利的话的，这与这些干部得到充分授权有相当关系。充分授权不光是为了这一点，另外一点，公司工作效率会提高，一个企业在人数不变的情况下，作出的贡献更高。

过去我们管全国市场，月销售额在三四千万元的时候，总部有300多人从事管理。

现在一年有10多亿元的销售额，我们总部真正实行管理的全部人员只有十几个，但是管得也非常好，但每个人他都有权力。

一个人干几个人的活，他又有权力，又拿两个人工资，所以他也开心，效率又高。

这是关于授权的问题。

多引进战术人才，少引进战略人才

关于人才的另一个问题就是：少引进一些战略人才，多引进一些战术人才。企业制定战略的人不需要很多，如果一个企业制定战略的人太多，就会整天在一起夸夸其谈。

制定战略的人是谁呢？就是公司董事长，他定的。然后他负责到处打听消息，开拓知识面；如去读书，今天跑这个经济学家那里去听，明天跑那个企业家那里去交流；然后身边再安排几个顾问或高层人员，进行培养。

我曾经培养过很多战略人才，但后来都离开了。

往往水平不高的人自封为战略家，因为那东西是看不见、摸不着的，没办法证实的。而战术问题是，你做得出来就是做得出，你做不出来就是不会做。

企业制定战略的人很多的话，容易混杂一些夸夸其谈的人，鱼目混珠。当然，大家不必像我们一样，可能我们有些走极端。

利益机制要协调好

关于人才的另一个问题就是：利益机制问题。对于企业的领导要有要求，如文化，企业文化的要求要高一些。越往下面，利益机制越重要。

像我们公司越是到了促销终端，在销售旺季的时候，在全国各地我们有10000多人在商场促销终端，对于这些人，你的要求就不能过高。那就是要他们卖一盒提成分1块钱、2块钱，但是对于他的领导、领导的领导在企业文化方面就开始有要求。但是不管再高的领导，都要把个人的贡献与利益机制挂钩。

我们现在采用的就是固定工资很低，固定工资也就是同行业的平均水平或者还要偏少一些，但是浮动的高。

我每多给你一点钱，从我总部的角度，从公司的角度来讲，我开心，为什么我愿意多给你钱呢？因为你做贡献了。实际上，我都是量化的。

企业倒下，陷入困境，大部分是做了不该做的事

最后说一点，一个企业陷入困境，甚至于破产，很少是因为它管理上的失误导致的，而是它做了不该做的事。

如“巨人”，它不该盖楼的去盖楼，一下耗掉那么多钱。假若“巨人”当时不去盖楼的话，光靠脑黄金、巨人汉卡、笔记本电脑等，它也死不了，也不会一下子陷入那么大的困境。

即使你的员工或干部中间有一半人心术不正，如吃回扣等，但实际上加在一起总量也很有限。

一年内耗加起来几百万，了不起上千万元。但是你一个投资几个亿下去血本无归，你的浪费比那个还大。

所以我认为：一个企业最后倒下了，陷入困境了，大部分还都是因为它做了它不该做的事。

2004年2月 安徽国祯集团演讲

第八章

在中国如何做企业

· 聚焦、聚焦、再聚焦

· 在中国做企业还是低调一点好

· 企业应只认功劳不认苦劳

· 企业家一定是坏人

· 民营企业的“十三种死法”

聚焦、聚焦、再聚焦

很多创始人都关心怎样才能取得成功，我结合巨人网络创业初期的过程，给大家提供些参考和借鉴。

巨人网络成立于2004年11月，主要业务是开发网络游戏。公司刚成立时，我投资了2000万元，但一年多之后，资金用完了游戏还没有研发出来，管理团队之间也产生了一些矛盾。此时，摆在公司面前的有两条路：一是关闭；二是追加投资。我和公司的创业骨干谈了一番话之后，决定亲自担任CEO。从此我就全身心地投入到公司的运营之中，往后就相对比较成功和顺利了。

由此我悟出一个道理：**创业者在创业的初期和中期，一定不能干很多事，把一件事做深、做精、做透就很不容易了。**尽管巨人网络是家小公司，但是我成为CEO后就专注于公司的运营，保健品业务就一点不管了，连重大决策会议都不再参加。正因为如此，巨人网络从我开始接手不到一年，就在美国纽交所上市了。上市前那段时间，我一星期工作七天，每天工作14～16个小时，随时找研发团队讨论有关游戏的内容和决策。这带动了整个团队也非常投入，大家脑子里想的都是游戏的事，在一起研讨就会诞生很多新想法，这是团队全身心投入产生的结果。

以前的网游模式都是卖时间点卡，而《征途》是中国第一款真正采用免费模式的游戏。免费模式就是任何人玩都不要钱，但是要想玩得更好，就要购买装备和道具。游戏中有大量的免费玩家，这就使有钱的玩家愿意在游戏里花钱，因为下面有一千个部下和有一百个部下的荣耀感是不一样的。

免费模式推出后获得了巨大的成功，我执掌公司两个月之后游戏就基本上开发完毕了，第三个月公司就开始筹备在美国上市了，之后不到一年就实现了在纽交所挂牌。

《征途》上线第一天收入是几千元，后面就是每天几万元、几十万元，到了第三个月，每天收入就差不多达到了三百万元，而到公司上市那一天的收入是五百万元。这个成功不是偶然的，首先是要选择一个很好的商业模式。**商业模式非常重要，它是成功的基础。商业模式不好的话，再努力也没有用。**其次是团队要有创业激情，这种激情一定要靠老板亲自以身作则，一个行动要比一百句话更管用。

总之，**任何成功都离不开两点：一是专注，二是勤奋。**成功要靠心血去浇灌，不可能靠投机取巧。这两点缺少任何一点，创业都很难成功。成功其实没有弯路，只要你有很好的悟性，只要你的智商正常，剩下的就是专注和勤奋。

创业者其实很辛苦，但是一旦走上这条路就不能退缩。我也遇到过一些创业者，他们头脑很聪明，智商也很高，但是注意力不集中，最后的结果并不好。

有些创业者已经有了很好的基础，也取得了一些成绩，但我建议这个时候不要分心，还要聚焦、聚焦、再聚焦，聚焦到自己眼前所做的事，把这个事做深、做透，远远地超过竞争对手，同时要在商业模式上再进一步优化。

问：我的公司团队执行力不够强，在加强执行力建设方面您有何建议？

史玉柱：企业的战略应该这样确定——广泛听取员工意见，少数人深入讨论，个别人做决策。战略谈多了容易变成空谈，员工也会丧失动手能力。**一家公司应该树立这样一种文化氛围，就是谁的执行力强谁的地位就高，而不是谁出了好点子谁就厉害。**有了好的决策之后，如果团队执行力不强，打败仗的几率就会很高；如果团队的执行力很强，甚至会纠正、弥补决策中的一些缺陷。这种执行力靠什么呢？靠管理做不到，要靠文化，靠老板的习惯和老板的灌输。

巨人的企业文化就是精益求精。我以前做脑白金的时候就提出了“聚焦、聚焦、再聚焦”，每一个员工都把自己的事做到极致，这家公司就会很有战斗力。我带团队的时候对执行力比较重视，针对巨人曾经出现的问题，我反思并总结了五条企业文化。第一条，说到做到，做不到不要说；第二条，只认功劳，不认苦劳；第三条，严以律己，宽以待人；第四条，敢于承担重大责任；第五条，艰苦奋斗。这五条听着很土，但对于加强执行力还是有用的。

问：企业发展不顺的时候，士气会受到很大打击，此时怎样让团队能够继续奋斗新的事业？

史玉柱：这首先要看你和团队过去的合作基础，如果合作得好，公司遇到的困难就少。创始人平时要多关心团队，尤其在经济方面不要太抠门。至于怎么激励他们，第一，描绘未来的蓝图，把前景描述好；第二，将每个人安排到合适的岗位，如果每个人对自己的岗位很满意，个人价值就能够实现，他就不会离开。

问：企业招聘很难招到合适的人，我现在通过猎头挖人，您对此有何建议？

史玉柱：用猎头未尝不可，但不能把这个作为主要方向。我跟柳传志研讨过一次，我们一致认为，从天上掉下来的东西是不靠谱的，从地下长出来的东西是最扎实的。想从外面挖个很能干的人其实风险挺大，你身边真正非常能干的人能被别人挖走吗？其实挺难的。我的建议是，要广泛招聘，招大量的人进入你正在运营的机构，然后建立一套很严格的淘汰机制，甚至三分之二会淘汰掉，一段时间之后就能真正积累人才。这些人培养起来之后就可以派去开发新的市场，因为他在你的土壤中生长出来，是最靠谱的。

问：拟上市企业如何做股权激励？特别是在A股不允许给期权的情况下，如何既激励现有管理层，又能给后来的员工留有机会？

史玉柱：要解决这个问题，可以学国外的合伙人制。譬如一家2000人的公司，可以设立100个合伙人的名额，先投票推选出20～30个主要的合伙人，得票率达到75%～80%才能当选，或者老板直接指定，然后其他人必须有至少3个合伙人推荐，才能成为新的合伙人。这100个合伙人的数量不增加，并且每年要通过无记名投票淘汰掉一部分，比如5%。淘汰的人一定是在过去一年对公司做的贡献明显在下降，然后再补充新的合伙人进来。这个机制实际上是动态的，内部是一个民主体制。

合伙人制有两大作用：第一，合伙人的头衔可以成为员工的荣耀。合伙人有参与制定战略的权力，但是不能替代董事会；第二，可以解决利益分配的问题。给员工股票、期权是对他过去业绩的肯定，但未来他不给你做贡献了怎么办？这时可以用公司年利润的5%、8%，甚至10%放到合伙人基金里，以现金形式直接激励合伙人。

基金中的50%～70%资金是当年分掉的，每个人所占的份额通过大家打分的方式确定。其余30%的资金留在基金中滚动，可以集合理财，也可以让合伙人用这些钱优先入股企业资产。合伙人没有年终奖，这个基金实际上就是变相的年终奖，就没必要再做股权激励了。一些公司在没有利润之前，可以先用最有价值的指标去对应激励金额，比如今年达到500万客户就拿出500万元，达到800万客户就拿出800万元。合伙人制在不同的公司会有不同的方案，我感觉这条路是能走通的。

问：我们公司现金流很大，一直没有融资，但有很多投资人找上门来，我们现在该不该拿投资？

史玉柱：从老板的角度看，给员工现金绝对比给股权效果更好。只要公司不缺钱，就应该撑到上市前的最后一刻，因为越晚引入股东，每股的价值越高，能忍还是忍一忍好。巨人网络从成立一直到上市都没有从外面入股，因为这样稀释得最少。公司成立第一天我就要求财务一定要规范，要按照上市的要求来执行，这样即使不引入投资人也一样可以规范化。至于拿美元基金还是拿人民币基金，取决于你的公司在哪儿上市。如果境外上市就拿美元基金，如果境内上市就拿人民币基金。境外的资金拿多了在国内上市还有障碍，所以在哪里上市现在就要想清楚。

2011年3月《创业家》黑马成长营

在中国做企业还是低调一点好

在中国做企业还是低调一点好，低调一点麻烦事少。太高调了麻烦事多。

最初在产生设立云峰基金这个想法的时候，马云和虞锋都找我谈，问我有没有兴趣。我听了他们的想法觉得很靠谱，我说行我也参加，所以就作为发起人之一了。

马云跟我说的是这样，涉及投资的，一个是保健品这一块，一个是网络游戏这一块，这两块起码我要给辅导意见。这是他要我做的第一件事。第二件事就是在鉴定项目的时候，希望我发表一些意见。第三个是在我们已经投资这个项目，对这个项目的决策者、管理者辅导方面，希望我花点精力。

我们接触比较多，然后在一块儿玩，侃大山。

这样的话对大家相互交流应该是有帮助的。跟马云聊天的时候，我就学到很多东西。

在我的眼里，马云是一个战略家，我是一个能具体干事的人。比如在互联网方面，他能看到未来五年，而且看得很准。我最多能看一年，他能看到五年，这个差距就来了。

因为除了网络游戏及网络社区这一块，之外的我没有计划去投资，所以不需要去深入研究它。但是我想知道一些大概的发展方向。所以这个时候，我就直接去问他了。问他之后我就知道个大概结果。

失败时总结的教训最受用

1997年是巨人最落魄的时候。之前我一直是很荒唐的一个人，不按经济规律办事，感觉人有多大胆，地有多大产。如果叫“史大胆”，那时候我其实是挺合适的。我自从巨人汉卡做成功之后，一下子做了十几个行业，就是搞多元化经营，管理上也很粗糙。

在最低谷的时候，我经常一个人在房间里面回顾我的过去，我哪些做错了，思考如果我要再重新创业的话，哪些地方我是需要克服的，哪些错误是不能犯的，我过去到底有哪些缺点。

我觉得这一段的思考，包括和内部员工开的批评与自我批评的会议，让我的部下来批判我，这个过程对我来说，虽然不能说是脱胎换骨，但是至少我整个人的思维方式有一个很大的转变，包括工作习惯、一些做法，变化很大。现在回过头来看，就是从一个傻小子一下变成一个相对理智地做事、搞企业的一个人。

最低谷的前几个月没信心，因为我一直想把巨人大厦盖起来，想盖起来就能把这个低谷走出去。我一直在做这努力，最后没有成功，所以那时候我就开始不自信。

当我突然发现这个楼已经不可能盖起来了，我的焦点就转到我要做一个产品，靠一个产品重新做起来。

人在顺利的时候、成功的时候就要做到胜不骄，在失败的时候就不要轻易服输。你有个不服输的劲头，再难的关都能过。所以我建议创业者在这个时候能坚强一点，没有过不去的坎，当然也不是靠睡大头觉睡过去的。

其实某种程度上，人遇到波折是好事。人在成功的时候，在顺利的时候，其实是学不到啥东西的。只有那些失败的时候，总结的教训往往是深刻的，确实是受用的。

说到做到是企业文化第一条

我在最困难的1997年的时候，准备做脑白金还没做的时候，找柳传志深入聊过一次，问他的一些企业文化。后来我们公司的企业文化，就是吸收了他公司的很多。

第一条就是**说到做到，做不到就不要说**。

这个话很土，但是很实用，这个就从柳传志挑起来的，他跟我说了这个标准。因为我过去也经常发生这个情况，我的部下向我拍胸脯，我下个月销售额一定做到多少，然后到下个月没有完成，没完成好像也没啥。然后他又再往下个月再拍胸脯，这样一搞就等于下面骗上面，上面再一放炮又骗下面，团队的气氛就非常不好，没有战斗力。

后来我跟柳总聊过之后，我就定了这样的规矩。分公司要向上面报销售的时候，我就跟他们说，你可以报少，但报了就一定做到。这个气氛一形成，公司在这个方面就很踏实。

做保健品的两大关键

巨人是我们公司的字号，肯定是一直沿用。黄金、白金这个产品系列，我爱取这个名字，因为我觉得用这个名字挺好记的。

给产品取名字，最好用老百姓日常说话的时候经常出现的词，那些深奥的词记不住。所以第一次做产品做了脑黄金，它是一个起点，后面就老喜欢往上面靠。

其实做保健品最关键的两点：第一，它从理论上是不是真的有效；第二点，它的效果，消费者自身能不能感觉到，如果能感受到，他就会通过口碑的方式给你传播出去。

其实保健品要真赚钱，靠广告是赚不了钱的，因为广告成本太贵了。**真正赚钱要扩大消费者，不能靠广告；广告只能起一个引子的作用。**

我觉得投资机会来的话，可能会没必要坚持公司负债率为零，可以适当有一些债务，只要比例不要搞得太高是可以的。

做自己喜欢做的事

从公司退出来之后，我就做自己最喜欢做的事。其实这是很重要的事情，就是我们公司每开发出一款游戏，我就以玩家的角度去玩，然后去提意见。所以如果遇到一个很好玩的游戏，我玩得很开心，又为公司作了贡献，能够找到修改的方法，工作生活都一体了，真的很高兴。

网络游戏这一块，项目也不让我参与研发。

因为一个项目，如果你去说一句他也去说一句，会搞得具体负责研发的人无所适从，所以一定要给研发者授权。

在研发的时候，具体到某个项目应该如何研发，这个不存在领导和被领导的关系，大家都是平等的。

现在看东西都是很淡的一种感觉，就是“神马都是浮云”，确实跟年轻的时候不一样。年轻的时候，尤其是摔跤之前的我，跟现在完全两个人。

那时候我好像什么都在乎，什么都想要，最后啥也没有了。现在就看淡一点，其实就非常好，自己又很幸福，企业发展还不一定慢，个人生活说不定过得还更好。

未来创业者的两大素质

对于创业者，我希望给他们最直接的建议。因为我觉得这些创业者也都挺可爱的，我从对他们负责的角度，就不要转弯抹角，他们爱不爱听是他们的事。从我的角度，就是说出最真实的想法。

如果是有价值的话，就不用太注重他们的感受，只要对他们负责就行，所以我可能是本着这个指导思想。

未来的创业者，最重要的素质，我觉得他需要两个：第一是他个人的悟性，没有悟性的话你应该去打工，不一定去做一个创业者，悟性可能是天生的成分很大，就是一个要有悟性的人才能作为一个创业者的领导者；第二个，他要很勤奋能吃苦。

就是这两个，少一个我觉得都不行。这两个加起来我觉得就成功了一大半。

2010年12月 江苏卫视《巅峰访问》

企业应只认功劳不认苦劳

我对企业制度建设方面的体会

我觉得消费品企业，尤其是营销类的企业管理重点还是在两个方面：一个是制度的建设；第二个是企业文化的建设。我谈谈这两个方面的体会。

企业文化，我21年前刚下海的时候做得还不赖，那个时候的销售，研发好了之后生产也很简单，公司很多人其实在负责销售，当我们公司的人还没有到100人的时候其实没有什么管理，因为什么事都是老板说了算，也都还好，没有出什么问题。然后紧接着等公司一下子上千人之后，管理就出了问题，我制度上就出了问题，因为这个制度没有跟上，所以我们当时又销售了其他类的产品，包括电脑，就开始出现一些呆坏账，我第一次感觉到这个管理、制度的重要性。

于是就开始搞制度建设，第一次吃了亏，没有制度，吃了亏之后就去加强制度建设。那个时候，可能属于不懂得企业，所以组织一帮人制定了制度，表面上看很完善的制度。这个制度，厚达一尺。这个时候我们头脑发热也做了多元化，在这个情况下那个制度定得很细，其实回过头看，那个制度形同虚设，并不可取。

从极左到了极右，搞了一套不切实际的制度，那个制度管得很严。我举一个例子，比如我一个分公司的经理今天晚上请工商局的局长吃饭，他要发传真到总部，总部许可之后才能够请客。这样的话就流于形式了，表面上看很合理，但是最后，当1996年底1997年初，巨人倒下的时候，我们造成的呆坏账非常多，最少有4到5个亿吧。那个时候如果没有这些呆坏账，我们当时摔了一跤的时间可以往后延续几年。

所以经过这个极左极右之后，做脑白金之前，我就开始思考这个问题，将来做脑白金之后这个制度怎么建设?

我就走了这种路线，既不极左也不极右，这套制度主要从几个角度去制定它，第一个我先说一下，一个员工来你这里做事，想追求什么?

他的追求可能很多，但是最主要的还是两点：第一点他能不能得到他满意的经济上的回报，能改善他的生活，追求他的收入，这是很正当、很合理的要求；第二个他个人价值能否实现。基于这两点，我就重新设计了一套制度。

这套制度的第一点就是充分体现多劳多得、少劳少得、不劳不得的原则，把这一点充分体现在制度里面去，如果这个设计得合理，威力还是相当大的。比如邓小平在搞联产承包责任制之前，那个时候的中国多数的地区，其实温饱都是有问题的，后来搞了一个制度，也没有说买多少拖拉机，也没有开多少荒地，但是中国很快就解决了温饱问题，粮食有了节余。

那个时候我在统计局里负责统计，我能够了解这个制度的力量，其实它就是把人的这个主观能动性发挥出来，同样我们企业也是这样。

我前面搞了很多规章制度的时候，其实是在压制人的主观能动性，干多干少其实是不一样的，但是这一点没有得到体现。

后来我按照这种制度改造之后，明显地我觉得企业员工的主观能动性得到提高，不用自己太操心了。我觉得这是第一点。第二点，这个制度体现出充分授权。

其实权力是挺烫手的，能不在自己手里就不在自己手里，只要他的权益、责任能够充分配套，把它们搭配在一起，撒下去，这样是最好的。

充分授权，这样呢，这个干部、这个员工在你的公司做，他觉得还有舞台，不是事事都要向上面汇报，自己有权可以在他的范围内作出一些决策，做一些拍板，如果成功了他有成就感，如果失败了他会吸取教训，对锻炼他本身也是有帮助的。

第三个特点就是充分体现出简单。最早的时候，我在刚做脑白金的时候制度是我写的，就是一页半纸，后来公司不断地扩大、不断地丰富，后来扩展到二三十页纸。后来看看那个二三十页的制度不如一页半的制度好用，越简单越好，让每一个干部员工看得懂、理解得透，那是最好的。

另外对于最基层的一些操作上，也是越简单、越明了越好。比如我们的脑白金当初定的如何在终端摆放，就定了一个原则，脑白金在商店里摆放不得少于3盒，高度不得低于1.5米，不得高于1.8米。

就这样越明了、越简单，往往是越有效的。

如果搞一些太深奥的东西、太难理解的东西，其实这样它的效果不一定好。

第一个我就谈这个，关于制度问题。

我对企业文化建设的体会

第二个问题呢，关于企业文化的建设。其实在中国，你再完善制度，如果没有企业文化去配套、去作为补充，是不行的。

任何一个制度都可以钻空子，尤其是中国，中国人能量非常大，非常聪明，所以只有用文化的一些建设去作为补充，这样的话整个管理才是健全的，整个公司的气氛才是健康的。

如何制定这个企业文化呢？

我觉得对于营销类的企业就是针对自己的企业，有可能存在哪些制度上无法解决的问题，然后专门去针对性地制定一些文化、一些口号。就是这个并不在乎要有多高的调，我觉得适用就好。

当时在启动脑白金期间我制定了几条，现在我们还在用，现在保健品企业，保健品的业务我不管了，但是就我所知道的他们现在还在用，为什么还在用？说明它还是有效的。

比如我们企业文化里面有一条就是**只认功劳不认苦劳。苦劳对一个企业是没有任何贡献的，它不会带来任何利润。**但是在中国的文化里面呢，这个传统就经常说，我没有功劳还有苦劳呢。

所以你要把这句话明确地提出来，我们企业只认功劳不认苦劳，把它灌输下去，大家一旦认可之后，这样企业的效率自然就会高。

第二个，比如我们企业文化还有一条就是，做不到不要说，说了一定要做到。

这是我们中国不少人的陋习，喜欢拍胸脯，喜欢说大话，尤其是下级对上级说大话，也有上级对下级说大话。在这样的气氛下，这个企业的上下级之间就没有信任，不信任，时间长了必然会是这样。这一条我是跟柳传志学的。

一旦你把这个文化提到一个很高的高度来，作为口号来提，每次下级跟上级拍胸脯的时候，报下个月我要完成多少销售任务的时候，他会慎重，我们情愿他少报一点，但是你报了多少就一定要完成。所以这样，一个公司下对上、上对下，一旦这个氛围建立好之后，这个氛围也是很健康的，这个氛围的战斗力，跟制度一配合往往也很强。

我们最后一条相对虚一点，就是叫艰苦奋斗。

我们不排除会让我们的员工去发财，有钱是你家里的事，你家里买什么我们不管，但是一旦进入到公司里面一定要艰苦，一定要奋斗。如果在公司里面把富裕的生活那套东西带到公司里来，这个公司也会被影响到。

我过去带的两个团队，就是保健品业务和网络游戏业务的。这十几年来很多人赚钱了，有千万富翁，有百万富翁，有的人过不了这个坎，有钱人从没有钱到有钱的这个坎很难过的，有的人一下子有了钱之后就不能在公司艰苦奋斗。既然这种情况会有可能发生，我觉得就应该在文化上提前在这方面做一些工作。

我总结一下，对于营销类的企业，如何去管理，我的观点就是，一定要制定一套非常科学有效的管理制度，服务于企业文化。这点做好，这个事就成了一大半了。

2010年12月17～18日 南京云锋基金（江苏）论坛暨苏商投资年会

企业家一定是坏人

前两天我发了一条微博，大意是说中国的民营企业家中，凡是从事面向消费者，为消费者提供产品和服务的，实际上还都是好人，但是给大家的印象，给社会的印象，给网民的印象，基本上都是坏人。

比如本人，在公众的眼中是一个资深坏人。

比如马云。在几个月以前，马云的形象还是很好的，这次在支付宝的问题上，我认为任何一个遵守契约的、有良知的、正常的人在面对这种情况时，都会作出这样一个决定，但你看媒体把他骂成什么样子。尽管事情能澄清，但扣上的帽子摘不掉，所以马云未来的名声也好不了了。

再比如牛根生。他出的问题比如三聚氰胺，这是我们国家的现状，是供应链的问题。只要做这个产业，大家都在其中，不是他一个人的错，他犯的只是失察的罪。

对于为国家作出重大贡献的著名的有能力的民营企业家，我觉得大家应该宽容。我们可以批评他，但是不能一棍子打死。一个孩子感冒了，我们应该给他药吃、治疗他，而不应该把他掐死。

我是统计过的，五年前中国著名的民营企业家，现在名声好的已经不超过

5%了。还剩5%也好不了，只是他比别人晚坏上五年。对这种现实，我们不必想去改变，因为我们根本改变不了。

昨天我和马云在飞机上谈坏人的问题，谈得很投机。

我们觉得，当坏人其实挺受用，前提是只要你自己不要想着去做坏事，要努力多做点好事。如果你是一个好人，你做了一件坏事，大家都会骂你。如果你是坏人，做了点好事被别人知道了，别人会夸奖你，这个坏人都做好事了，挺好。

其实我们这些坏人都还不够坏。认为我是坏人的，主要就是说我的产品是骗人的，比如脑白金。其实脑白金十几年来我自己一直在吃。

比如黄金搭档，其实就是维生素，是国家营养协会根据中国人的特点设计的配方。黄金搭档被一些人认为是骗人的，但是一些美国配方的、相对于西餐设计的同类产品，在中国却卖得很好。

比如“网游带坏未成年人”的指责。我也认为网游对未成年人是不好的，公司成立的时候，我就立了个规矩，坚持做成年人市场，不开发未成年人产品，不做未成年人游戏元素，注册需要身份证，未成年人不得注册，不得进入游戏。

我们坏人做企业，一样要努力解决一个重要问题：企业的利益和员工的利益之间的矛盾。

这不是说给员工无休止地涨工资，它会破坏你的管理，我们应该尽可能多地向员工提供利益，有利益大家共享。

一年多前，我们企业网游上市了之后，利润也还不错，公司里每个人都觉得贡献大。

于是我就把每个项目都拆成独立的研发公司，集团公司占51%的股份，员工自己掏钱占49%。我的策略是，你们自己研发，好的产品集团公司给你代理，集团公司享受销售环节的利润，研发环节的利润总部享受51%，其他的给员工。

《征途2》最近要分红了，大家一分几千万元，这一游戏正式运营还不到半年，团队中每个人的贡献都有所回报。

但是我们也有很多项目最近要关了，公司的钱和他们49%的钱都花完了，这个项目没戏了，由于研发工作是交由团队独立进行，此时大家也不好推卸责任。

你看，坏人企业家也是和谐的。

2011年7月 中国（重庆）民营经济发展论坛

民营企业的“十三种死法”

第一种死法：不正当竞争。

竞争对手在整你，你在明处他在暗处，诬告你，通过打官司破坏你（的）声誉。企业之间的不正当竞争，有时候可以把一个企业搞死。

第二种死法：碰到恶意的“消费者”。

一个无理的消费者也能把你搞死，比如刁民投毒。这些情况我们都遇到过，胆战心惊，如履薄冰。

第三种死法：媒体的围剿。

当年是媒体把我搞死了，搞休克了。如果媒体晚搞我们两三个月，我们（就）不会死。

第四种死法：媒体对产品的不客观报道。

如果媒体只报道10%是无效的产品，产品马上完蛋。在中国，说产品不好的时候，老百姓最容易相信。

第五种死法：主管部门把企业搞死。

产品做大了，哪怕有万分之一的不合格率，并被投诉到主管部门，就有可能被吊销整个产品的批文。

第六种死法：法律制度上的弹性。

法律制度（上）的不合理，使你不得不违规（操作）。

第七种死法：被骗。

有时候一个企业的资金被骗后会出现现金短缺，甚至整个企业会一蹶不振，而对民营企业来说，法律的保护很有限。

第八种死法："红眼病"的威胁。

红眼病太多，谣言太多，企业的谣言还好办，最怕的就是产品的谣言。

第九种死法：黑社会的敲诈。

第十种死法：得罪某手中有权力的官员，该官员可能利用手中的权力给企业发展制造障碍。

第十一种死法：得罪了某一恶势力也有可能把企业搞死，比如说他在产品中投毒。

第十二种死法：遭遇造假。

假冒伪劣也能搞死一个企业，前段时间我们在某个药品保健品造假基地查获了价值几千万的假货。

造假分子抓到（之后），又被当地公安放了，（出来之后）又继续造假。现在只要一看见假货我们自己就去买，怕它危害消费者。

第十三种死法：企业家的自身安全问题。

2001年2月赴京参加“泰山会议”的飞机上

第九章

我对创新和市场竞争的看法

· 我对创新的理解

· 我对市场竞争的体会

· 只说产品的一个好处才能被记住

· 互联网金融不会颠覆传统银行业

· 除了保健品、银行和互联网，其他行业我基本不碰

我对创新的理解

我谈谈我对创新的一点感触。**创新首先不是一个口号，一切应该从实际出发，要以企业的实力为基础。**该创新的时候，就要坚决创新，不需要创新的时候，就坚决不搞。

创新不外乎几个方面，一个方面是公司管理上需不需要创新。管理的目的就是让员工最大限度发挥主观能动性，降低成本。

第二个是在产品上。产品的创新，不外乎是让产品，让网络游戏产品好玩，好玩的评判标准不是我们在座的人，也不是专家，应该是玩家，怎么从实际角度让玩家觉得你的游戏好玩，这是第二个创新。

第三个创新是关于营销方面的。首先我们以最低成本获得最大的产出、最高的销售额，这个也应该从实际出发，不应该为追求创新而创新。

下面我举一些案例来阐述我的观点，首先不该创新的就别创新。我举个例子，比如我们《征途》这个产品。公司是2004年最后一个季度成立的，成立的时候，制订研发计划的时候，开始的定位是3D，但是那个时候我们制订这个计划后搞市场调查，针对月收入在1500元以上的玩游戏的人，喜欢3D的人是75%。这个调查如果只是在北京、上海、广州，可能这个案例就不对了，在上海喜欢3D的只占3%，更大的市场是在周边，在县城，在小城市、城镇，甚至村里。

然后根据调查下来70%多的人还是喜欢2D，25岁以上的，其月收入在1500元以上。根据这个调查，我们制订了一个产品计划。当时我们还另外进行了一个分析，就是在中国要想做到80万人同时在线，在当时的情况下，我们认为三年之内只有2D有可能，3D不可能。

现在《征途》还没有上80万，对这个行业我是这么要求的，是因为我们有800名员工，对在线人数我们公布一点不能假，比如我们希望在线47万，公司拿不准要不要对外公布，后来觉得反正也没有人信，就不要公布了。

我们每个月都在增长，现在回过头来看，我们的在线人数70多万，这个跟分支机构分不开，我们自己也要考虑，也要借鉴脑白金的。第三个地方该创新的地方要创新，但是这个创新不是做一些表面的文章，而是从产品需求上面着眼。

比如谈到游戏，我们调查玩家，玩家认为一个区越多人越好玩，因为人越多他就有更多敌人，所以我们制订《征途》的研发计划的时候，当时这类网游的一个区域，一般是3000~4000人次，我们提升到4万人次，实际上相当于有10个国家。一个区有10个国家，一个国家能容纳4万人，一般现在是2万人，他要知道要去报仇的敌人太多了，人多可以使这个游戏吸引大部分玩家。

我们没有特意在哪个部分创新，我们就是从产品角度，从玩家的需求角度。回过头来我们去做《征途》的时候，发现有一百多项去做历史……只是觉得更好玩一些，我的观点就是说只要对玩家有益的创新都能做。最后总结一下我的基本观点：创新和不创新都应该从实际出发，不应该把创新作为一个广告。

2006游戏产业年会

我对市场竞争的体会

今天很高兴能够在这里演讲，给我定的主题是关于市场竞争的。实际上做市场竞争这个报告最有说服力的应该还是陈天桥。他的《传奇》已经6年了，现在还可以保持这样的势头，这么高的销售，陈天桥本人对市场的认识是比较深刻的。我觉得应该是在我之上的。既然安排我来讲这个，我就谈三点我对这个市场的体会。

市场充分竞争阶段，是市场拉动研发

第一点，我想谈一下关于市场与研发的问题。在一个市场没有达到充分竞争之前往往是研发推动市场。以前是研发出什么产品了，那市场上就有什么产品，到了市场充分竞争阶段，它们的关系出现了反转，应该是市场在推动研发，或者是市场在拉动研发。我想现在已经进入了市场拉动研发的阶段。

我就举几个例子吧，毫无疑问，3D的技术含量远远超过2D，但是市场上超过100万在线的游戏都是2D的。25岁以上的人仍然首选2D，而不是3D，但是如果让研发人员开发一款产品，那么他选2D还是3D呢？研发人员往往认为只做3D，不做2D。于是在2D、3D的问题上跟市场就会产生矛盾，但是我认为未来的趋势还是以3D的市场为主，但是此时此刻，还是以2D为主。

我们刚准备进网络游戏领域时，2006年我们定的是2D，2007年2D，2008年我们推3D，我们现在也是这么做的。我感觉这样基本上可以跟市场的发展趋势相吻合。比如说3D，实际上3D的游戏我们开发进度已经超过了2.5D了。但是我们不能推，我们认为现在还不是时候，可能明年，甚至是后年，我们认为3D市场才会比较成熟，这是一个例子了。

第二点，不是说你有这个技术，中国的玩家就可以接受它。这个是需要在玩法上进行调整的，是需要培养玩家的，是有一个过程的，但是现在有人做这个事我觉得非常好，因为先做是先驱吧，可以普及一些知识，给后面的人总结一些教训。这也是非常好的一件事。但是未来，我相信若干年以后，3D在中国应该是大放异彩的。所以我们成立了这样的部门，但是一直没有去做。

市场和竞争都要从消费者的需求出发

再举一个例子是关于市场和研发的例子。任何一款游戏你想迎合这个解决办法，要把这个区的人数放得多一点。在这里它不亚于3D的研发。

你是在符合玩家的需求，政府的一个区实际上是传统的10个区，这样的话就可以使每一个区有1万以上的人在线，理论说是4万，实际上做到最高的是2.5万一个区，这样玩家就会觉得很热闹了。

像最初的时候我们上海有一个区，我感觉就迎合了玩家需要热闹的市场需求。所以我认为在中国搞研发要多了解玩家的想法，策划人员多从市场上了解有关的信息来进行策划。

市场竞争归根结底还是人才的竞争

第三点，我要谈的是市场竞争归根到底还是人才的竞争。

关于人才的问题无外乎有三个方面：找人、培养人、用好人。我认为在中国的网络游戏市场当中，找人会比较难。有的人可能还好找一些，比如说市场人员相对好找一些，研发人员就难了，尤其是研发的策划人员更难！

我在负责这个公司的时候，我就给人事部下过命令要招多少人，招了几年以后我感觉也没有什么突破。后来我开的条件是你找得到一个好的，我给你1000万元，就算这样他也没有找到，但是我现在还在继续招。

我感觉挺失望的，在中国，网游行业的人才非常缺！

我刚才谈的是研发人才，实际上营销人才是不缺的。那营销人才难是难在培养和管理上。

做网游我就有点蒙了，这一块的管理有相当大的难度，我觉得员工向钱看比其他的行业更明显一些，所以给管理会带来不便。在培养人上、用好人上、管理上，可能在管理方面还是需要做得更好一些，确实这方面有很多工作要做，而且我们有很多工作没有做好。

但是归根结底，**一个公司要在市场上胜出，可能就是在人的根本问题上一定要做好。**我想我们做了这个工作，但是离做得好的要求来看还是有很大距离的。

产品生命周期可以通过努力来解决

第四点，就是谈产品的生命周期问题。

我下海差不多18年了，18年里我有接近10年一直在琢磨一个事，就是产品生命周期的问题。产品生命周期是我过去10年里考虑最多的一个问题。

比如说刚做脑白金的时候，刚做黄金搭档的时候，别人说你的产品不可能过得了3年，因为是保健品不可能过3年；过了3年以后说一个保健品不可能过5年，主流是这样的概念；过了5年以后又改成7年、8年；今年脑白金已经过了第10年了，而且截至2007年上半年脑白金的销售额创造了历史的最高峰，打破了关于生命周期的一些定论。也就是说**生命周期可以通过你的努力、通过你的思索来解决的。**

同样地来看网络游戏，我进入这个行业首先关注的就是生命周期的问题，会不会哪一天就完了？当想明白的时候才开始做，所以人家问可以做多少年，我说做10年没有问题，不断研究过了以后，我突然发现网络游戏实际上跟保健品行业还不一样，网络游戏是很长寿的，生命周期是很长的。凡是在线人数能够撑过一年的话，你看一下现在一个都没有死掉，像《传奇》已经6年了，现在每个月还在创造1亿多的销售收入。至少还没有下跌，在这样的情况下，它还可以保持这样的势头。

中国网游历史上，只要在线人数过40万，而且一年之内没有掉下来的，就没有死的迹象，就没有衰退的迹象。所以我建议陈天桥应该教育教育华尔街的投资分析家们，他们为什么给中国网游企业这么低的信誉，原因是他们认为网游产品做不长，应该教育教育他们，应该改变他们的观念。我感觉网游产品生命周期是众多行业里相当长的一个，属于老寿星级的。

最后呢，我再提一点建议。给各位领导提一个建议，我希望早一点对网络游戏实行分级管理。妖魔化这个行业的焦点，我认为还是在对未成年人的保护上。

最好是分一下哪一个游戏是一级的、哪一个游戏是二级的、哪一个游戏是三级的，这样分了以后，对网络游戏妖魔化情况有所改变。

比如说在搞防沉迷系统，未成年人上来第一分钟就疲劳了，打怪没有经验，我们还是要远离未成年人。

从客观上来说未成年人的自我控制能力比较差，我们的游戏多少对他们是有一点影响的。我想我们还是要尽量在这方面多做一些工作，所以我希望国家早一点实施，这样我们就可以更轻松一点。

CHINAJOY 2007高峰论坛

只说产品的一个好处才能被记住

我觉得外国公司在中国建立品牌比我们本土容易，为什么容易呢？你看国家税务局的规定，凡是中国的企业，如果你要打广告的话，超过销售很小的百分比之后，就让你打广告纳税。但是这个规定有两类企业例外，第一类国有企业不受此限制，第二个是外企不受此限制。外企在中国建立品牌比我们本土容易一些。

推广工作最主要是两点：第一个，推广方案是不是合理的、是不是最佳的，方案决定了你推广的成败，具体到你的电视广告，这个广告怎么表现，能不能传达你想传达的内容，准不准确，传达的效率高不高，这是第一。第二个，是怎么低成本地把它传播出去。低成本，不光谈价格便宜了，怎么组合，选什么媒体，选央视还是选地方卫视，选中央报纸还是地方报纸，还是选网络。比如说在电视台上面播，是每天播还是隔天播等等，就是怎么传播的问题。最主要是这两点。第一个是正确的方案，第二个是效率最高的播出方式，当然最好还有是资金充足。

举例子。我就说一个——脑白金，当时给我们团队提出过三关。第一关产品关，如果这个产品无效，欺骗消费者的，最多骗三年，三年之后肯定完蛋。

一个产品，想赚钱最终要靠回头客，真正赚钱是在这些人身上。

第二关是策划关，就是刚才我说的，要做出好的策划方案，所谓策划方案做出来拿到一个县里面、市里面测试，投入10万块的广告，你的市场销售额是多少。如果最后投入10万块，销售额是10万元，肯定亏损，肯定不干了。接着修改方案，比如说10万块的广告有100万元销售额，企业评估合算的，然后到全国推广，之后考虑成本，很便宜地把价格拿下来。在资金不充足的时候，**有一个广告不连天播，隔天播的话效果相当于连天播的70%～80%，不是50%，**研究这个地方隔天播，那个地方是连播，有一些地方是连打三条。再一个是让媒体给你让价，使劲地谈，谈不成就不给你地方投广告等等用其他的方式把成本降低。像脑白金刚投放市场，那个策划方案我认为非常好，最后我们投入了。投入了，当然也是赚钱的，脑白金现在还在打广告，肯定是赚钱的。据我们一核算，我们广告费一年支付了3亿元，最后中介机构按照播出的评估，最后是38亿元。这两个重要因素一个都少不了。

第三个也就是团队和执行关。

在做品牌、产品的时候，对消费者的利益点，能少尽量少。可能一个产品有很多个好处，其实你说三个好处就等于什么都没有说，说两个好处记住一点点，说一个好处真正让人记住，所以这个上面是能少尽量少，一点是最佳选择。

2010年10月 福布斯中国民营企业全球化论坛

互联网金融不会颠覆传统银行业

银行业面临利率市场化和互联网冲击，会是什么样的结果？不少人认为银行业将陷入困境甚至“恐龙”将要消失。

对此我有不同的观点，我认为未来相当长一个时期，整个银行业不会受到根本的冲击。利率市场化会逼迫银行转型，迫使银行改变业务。互联网会让银行发展它的金融互联网，银行会把互联网作为一个手段，改变它的业务。

我觉得银行业未来不会遭受重创，有以下四个理由。

第一，我国的国情及银行业特殊的历史原因决定我国银行业太大了。在全世界的各个国家，银行占整个金融业的比重是有限的，但是，我们中国总资产规模跟银行比只是很小的一个小头。其他所有的金融机构包括证券、保险、信托等，其网点总量不到银行的十分之一，银行的块头太大了。比如说卖保险、分红险，90%的分红险是在银行卖出去的，为什么？因为中国的金融机构中走到亿万消费者身边的只有银行。它太庞大，所以让这么庞大的一个银行业在短期内，在三五年或十年之内突然消失了，突然全行业陷入困境，不可能，如果真到那天，我觉得中国经济早已经崩溃了。

因此，不能因为国外比如美国的银行业占金融行业的比重不是那么大，就推理中国也应如此。中国银行业的庞大是历史形成的。这是第一个原因。

第二个原因，随着利率市场化之后，银行业息差是不是小到跟日本及中国香港和台湾地区一样，会不会让银行陷入全面亏损？我认为也不可能。首先，中国老百姓是有存钱习惯的，几千年都是这样。从钱的出口端，中国企业家的文化，有1个亿他一定想干5个亿的活，有1个亿他想投资10个亿，尤其是我们这一代企业家，这是种文化。反正我接触到的，除了两类企业家不太愿意使用银行贷款之外，其他所有的企业，对资金都是如饥似渴。只要这一批企业家不退出历史舞台，未来10年，甚至更长的时间，还是企业家求银行，中国的资金是短缺的。

不太愿意用银行贷款的企业家，一个是新兴的互联网企业，互联网崛起了，为什么它不太喜欢这个呢？因为这些企业都是在美国上市的，美国企业使用银行贷款很少。像我们巨人网络就是在美国上市的，银行贷款几乎为零，账面上有大量的现金储备，几乎每个互联网企业都是这样。这个是互联网企业的企业家文化。第二个就是在西方受过教育的富二代回来掌权，这群人会好一点。

日本为什么息差小呢？因为它贷款利息才1%，高不了，为什么呢？因为企业不需要贷款，它的企业家没有贷款欲望。但是，发展中国家、金砖四国，像中国尤其明显，就是企业家扩张欲望很强，不像西方国家有一块钱做一块钱的事，我们是有一块钱做十块钱的事。这个文化不改变，未来的10年、15年、20年资金越来越短缺，只要资金短缺，只要企业家登门求银行，息差就小不了。所以，利率市场化以后到底会怎么样？我觉得不一定息差会缩小。这是我的第二个理由。

第三个理由，互联网对银行的冲击不会让他们垮掉。我的结论跟他们一致。银行是做什么的？银行是经营信用的，不是简单经营钱的。三百六十行最不讲信用的行业是哪个行业？互联网。互联网中你都不知道对方是男的还是女的，你以为在跟一个女孩子聊天，说不定她是个人妖。在互联网上是充满欺诈的，因为充满欺诈就决定互联网要做金融，只能做局部、个别领域，它不能全面做。

比如拿人民币换美金，在互联网能换吗？换不了，只能到银行的柜台去换，因为银行柜台给你的不是假钞。在互联网上换很可能会被骗，说不定用复印机复印一张纸就给你了。所以，**银行有几十项金融业务，互联网只能冲击其中几项，剩下的是冲击不了的，这个就是互联网的特性。**

当然，我不是说互联网金融不会大发展，互联网金融会有大的发展，像余额宝的崛起就证明了这一点，还会有更多的崛起。但是，它替代不了银行，它将来能占到银行的20%，我觉得就已经很了不起了，20%就30万亿元了，30万亿元也是非常庞大的，但是你想把银行替代掉，我觉得不可能。

最后一个理由，会有政策的红利和改革的红利。中国自从取消掉粮票之后，从计划经济进入市场经济之后，我们唯一还有一个行业，现在还保留“粮票”的，那就是银行业。银行业每年要发“粮票”，今年你只能有多少贷款，明年你有多少贷款，每年给大家发“粮票”。银行业还是一个监管过度的行业，比如像控制银行的规模，你吸收的存款，我允许你放多少贷款出去，按道理来讲，一个指标卡就可以了，但是现在同时有三个指标在卡，卡的是同一个内容。

第一个就是存款保证金，20%。这是全世界通用的，人家是8%、12%，我们是20%，高一点就高一点，也还行。第二个是存贷比，75%。你吸收100块钱的存款，只允许你贷75块钱，这样就把存款准备金给废了，这个管理就没什么用了。不能我吸收100块钱存款，贷80块钱，只能75块钱。第三个，人民银行又加了一道，我给你发“粮票”，工、农、中、建、交我给你多少，剩下的银行给多少。工、农、中、建、交日子好过一点，地方的商业银行每年给它的“粮票”是30%，它收了100块钱存款，只允许它贷出30块钱。于是，理财、歪门邪道的东西都出来了，这个我觉得是逼出来的。

随着利率市场化，银行业进入市场经济了，我觉得计划经济的那套管理也要放开了，至少要放开一大部分了。不可能再用计划经济的管理，来让银行业进入市场经济。所以，当放开的时候，会有很多改革的红利，有些银行就能抓住机遇，根据放开的内容迎头赶上。

我觉得中国银行业现在钱那么多，利率那么高，有很多原因，其中有一个重要的原因就是监管过度。比如有几百项银行的规定说这个不许、那个不许，比如银行的资金不能进股市，对落后产能不能贷款，等等。有很多规定，看似每一条都是好的，但也不是，比如说打压股市就没有道理。

我举一个例子，比如落后产能，2008年银监会下文要大家支持这些企业，无条件给这些企业贷款。一个钢厂贷了200亿元，那时候在响应国家的号召贷了200亿元，现在突然说不给它贷了，它的存量贷款放在那儿，怎么办？于是，走歪门邪道。他过去心里只接受6.5%的贷款利息，因为你这么规定了，他接受15%了。一个钢铁、一个船舶，企业家把接受利息的心理价位提高了，他要12%、15%，有50个领域的人把自己的心理价位都抬高了以后，银行也就跟着把利息往下拉了。

所以，我觉得是监管过度让中国的利息走入这样一个怪圈，钱发了这么多，利率这么高。

2014年6月 新金融联盟峰会

除了保健品、银行和互联网，其他行业我基本不碰

2009年对于有投资和创业意向的人们来说，可能是艰难的一年，也是风险与机遇并存的一年。

尽管不是由于金融危机的原因，但我本人就有过企业资金链断裂的经历，可以说是那段经历造就了我现在的投资风格——稳健，或者说是保守。

李嘉诚曾说过，**投资首先是要看退出机制通畅不通畅，其次才是看收益高不高**。我觉得很对，所以我想寻找的是风险不大、变现能力强的行业。基于这种认识，我投资了银行。我有自己的投资纪律，除了保健品、银行和互联网，其他行业我基本不碰。

原因就是，这三个行业都具有非常清晰的盈利模式。

无论是投资还是创业，都要对进入的行业有深入的分析，其中盈利模式的分析至关重要。因为，**清晰的盈利模式意味着稳定的收入预期和投资回报。**

我投资银行业的想法始于2001年，那时候脑白金卖得很好，账面上有近5亿元的现金，这时候，我开始想到了投资，这样既可以做公司发展的战略储备，

又可以控制公司的多元化冲动。当时考察了国债、基金、信托甚至房地产等众多行业，但是最后还是决定投资银行股。一方面，相比其他投资，银行业商业模式清晰，并且很稳定——贷款利息减去存款利息，只要资金量足够大，利润就很高；另一方面，全国性的银行一般不会破产，上市银行有证监会和银监会的监管，相对来说犯错误的几率要小一些。而且，就算是全国银行要出问题，国家也要管它。

此外，**无论投资还是创业，核心因素都是人**。对于创业者来说，在创意形成之后，如何组成自己的团队并很好地运作它，将是创业成功与否的关键所在。而对于投资者来说，一个企业是否值得投资人关注，在分析了它从事的行业之后，就要考察企业的运营团队。对于投资对象的鉴别，我认为企业的团队应该是最优先的考察因素。产品再好，策划再好，团队执行能力不行同样会失败。

在我们最新推出的网游创业平台——“赢在巨人”计划中，就是要投资创业者，创业者既可以带完整团队进入，也可以只具备某方面专长。“赢在巨人”更在乎人的因素，只要具备项目管理、策划、程序设计等任何一方面特长，加入计划后可以双向选择合适项目，充分发挥所长。创意产业的核心竞争力是人，“赢在巨人”是吸引创意人才的长期战略，我们希望它成为“助推器”，帮助创业者和公司实现双赢。

巨人网络作为以自主研发取胜的公司，也是最重视玩家、市场需求的公司，公司成立四年以来积累了许多研发方面的资源和经验，可以同创业者一起分享，从而提升创业者项目成功的概率。这是中国网络游戏行业第一个天使投资，在这个计划中，我们既是投资者，也是与投资对象合作创业的创业者，计划的具体安排也反映了对2009年投资与创业行为的一些看法。

2009年2月《理财周报》采访

第十章

我的微博记录

- 人生心得
- 企业经营
- 股票、金融
- 政治民生

人生心得

舍得舍得，有舍才有得，大舍才大得。舍去面子，得到实在；舍去权力，得到逍遥；舍去烟酒，得到健康；企业做的事越少，事才能做得更精；朋友交得越少，友情才能更亲密；对部下舍得付出，才能得到部下敬重；对女友舍得甜言蜜语，才能得到女友芳心。

祸兮福之所倚，福兮祸之所伏。大成功是靠大痛苦浇灌成的，大挫折是为大成功作准备的。（邓）小平没有三落，不可能成为总设计师。中大奖者，其后生活往往并不快乐。纵观人一生，总快乐=总痛苦。我们需要一颗平常心。得到快乐时，别忘形，后面有同样大的痛苦等着你呢。

何为富贵？无需向别人折腰，则为贵；无需向别人伸手，则为富。因此，不能以地位高低论贵，不能以财富多少论富。巴结领导的官员，非贵人也；大量借贷的富豪，非富人也。真正的富贵之人往往在平民百姓中，媒体上的常客往往是不富不贵、富而不贵、贵而不富的三种人。

老冒出来挑刺的反对派一般都招人嫌。我刚创业的时候，被人挑刺冒犯，嘴上不说，心里总不痛快。年头长了，渐渐体会到反对派很多好处：一、反对派一般纯粹、简单；二、反对派从多数人的沉默和疏忽中挑毛病，话虽难听，往往有价值；三、挑刺是能力，发现不容易发现的问题，没理由不善待有这种能力的人。

朋友小孩，名牌大学硕士，供职广东一商业银行，一周工作6天，周日有时被占用，月入约3500元。他同学在同城某局就业，清闲，月入约7500元。小孩抱怨，我安慰他：一、要知足；二、任何事有规律，付出回报大致不差，几年后，同学可能反过来羡慕你。

明知道年轻人做错了，多次指出又不听，那就等结果吧。失败是成长中必须上的一课，没有亲身经历失败，很难校正自己。冲劲是年轻人的资本，自信更是年轻人的财富，更值得期待的年轻人是，摔了跟头之后，冲劲不减，但更平衡更全面。

企业经营

我常给朋友说，投资新项目，一定不能投吃的项目。在中国做吃的项目，如同裸体在枪林弹雨中漫步，站着会中枪，躺着也会中枪。过去五年，媒体曝光的企业真假丑闻中，大半都是从事吃的企业。这类企业往往被一刀毙命，很难出百年老店。

史光头赞同郭光头的“孙子论”。孙子比爷爷更容易得到怜悯和爱护。犯错误，孙子往往更容易得到原谅，有糖吃，人们往往更喜欢把糖给孙子。一个民营企业家如果内心把自己当爷爷，他离“挂”掉也就不远了。

做公益与做企业一样，需要调查研究。2010年地震，我派人到玉树调查灾民最缺啥，答复：缺乏食品，各界捐赠的方便面最多。藏族人占玉树（人口）97%，不吃方便面。灾民急需酥油和青稞面，我就派人到青海、西藏市面大量购入，用卡车拉往玉树。近日我在玉树评估当年做法，果然正确，比我公司公开捐出那些款效率更高。

如果企业获得10亿（元）资金，欧美企业多会存入银行作现金储备；中国企业会再贷40亿（元），立马投资掉。欧美企业及中国赴美上市公司，多无贷款且有大量现金储备；中国上市公司大多高负债（央企例外）。这是企业家习惯和商机多寡所导致。第一代企业家退出舞台前不会改变，十年内贷款仍将是紧俏商品（哪怕利率市场化)。

企业家不愿投资实体经济，原因之一：中国拥有世界上最庞大的行政法规。上一个实体项目，要敲几十个公章，面对几千条“严禁”、几百条“处罚”。如果严格执法，实体企业家全要在监狱里过年。不能全抓，就出现了选择性执法。2011年才取消的投机倒把罚款条例，能把一半的民间资本罚为财政收入。

努力耕好自己的田，别天天盯着别人的田。如果你羡慕马云腰包，就该自己办个比阿里更牛的企业，而不是盯着他腰包，盼望瘪下去。如果你羡慕政府支持，就自己办个高科技企业，努力多多纳税，也会得到交税额一定比例的财政返还，甚至不用先交后返而是直接少缴。

中小企业是就业生力军。贷款难，资金链紧张，原材料成本上升，劳动力价格上升，现在不少中小企业日子艰难。货币紧缩政策，其实伤不到大企业，尤其伤不到国企，受伤的却是无辜的中小企业。

华为收购美国20人公司，国会否决。如果在美国一企业的平台支撑百万企业万亿交易，其数据库实时反映国民经济，比总统报表早一个月。这家新型金融企业被中国人控股，国会早已下狠手。企业做大靠的是德，阿里契约精神当然不需你我操心，我操心“爱国流氓”这只破草帽会让马云愤慨，索回“奥巴马”[①]。

发达国家的保健品行业为朝阳产业，在中国为夕阳产业。十年前保健品行业前十大企业，在外围打压和妖魔化下，纷纷倒闭和转行，现只剩我们坚守。八年前我脱离该公司决策和经营，仅为股东之一。我曾劝他们改行做快速消费品，但他们舍不得那几亿利润。我如果劝他们代理销售保险，估计决策者们对我都避而不见。

如果高管收入低，国际投资者就不敢买其股票。国有上市公司就给高管制定一个不算太低的工资，并披露。但高管个人只留零头，大头上缴。上篇报道说华远集团总裁任志强年薪758万（元），但约700万（元）要上缴。这是有关部门为了社会安定，平息社会怨言，但容易让投资人心里不踏实。

上市公司高管的收入只要和业绩挂钩，其收入越多往往证明业绩越好。高管低收入容易形成大锅饭局面，对股民更不利。王石、马明哲、董文标都不是大股东，其个人收入与贡献相比，不高！假如我是大股东，我就会给其制定业绩目标，超额部分实行提成，上不封顶。

巨人企业文化里有句“敢于承担个人责任”，近年可能已流于形式。看到阿里巴巴CEO卫哲引咎辞职，深感阿里巴巴才真正敢于承担个人责任，阿里巴巴的成功绝非偶然。如此重大的人事变动，设想下，如果换我坐在马云椅子上，说不准会缺乏魄力而破坏公司规则。

① 马云送给史玉柱的一条狗的名字。

实业家和资本家的区别：实业家要善于发现机会，果断抓住机会，组织人力财力，把每个细节做到极致；资本家要抵挡诱惑，耐心等待机会，直到金子出现在脚下，才轻轻弯腰捡起。实业家创造社会财富，资本家优化社会财富。中国的实业家成功后，往往都不自觉地向资本家过渡。

中国的研发人员，从穷人一夜富裕后，少数人的心态会发生深刻变化，言行颓废，不再热爱本职工作，不再能吃苦，看谁都不顺眼，上班是件痛苦的事，上班时沉迷上网搜寻宝马豪宅资料并攀比。如果不及时调整心态，人就废了。

商界学习毛泽东军事思想，不是应用在竞争对手身上，不存在一些90后担心的道德问题。比如，决策投资新项目时，参考“不打无准备之仗，不打无把握之仗”；面对多个项目，参考“每战集中绝对优势兵力，力求全歼敌人”。学习毛泽东军事思想，对企业决策者的意义远甚于普通员工。

中国人太聪明太勤奋太会竞争，各行业的企业都在恶性竞争中。祖国大地浸泡在红海里，就找不到几片蓝海。例如网游行业每天诞生3款新游戏，每年成功的却不到3款，其他都打酱油了，但房地产和煤老板们还在纷纷投资网游。红海里的企业家只有两条路：1.找到自己的核心竞争力，并玩命强化之；2.回家抱孩子。

一个企业家告诉我：“我付了1200万（元）请了个策划大师，为企业做一套策划。”我惊讶：“这么贵？”他：“他成功策划了你东山再起，我才请他的。你和他很熟吧？”我摇头：“没你熟。我压根就不认识他。”号称策划巨人东山再起的有10多号人。策划只能靠企业自己做，外人不可能更了解你的产品和消费者。

股票、金融

其实买股票没那么复杂。认真研究：1.该公司未来盈利能否持续理想成长？2.眼前股价被低估没？只要同时满足这两条就买入。买完，该干吗就干吗去。看不懂的行业，我不买；15倍以上市盈率的，我不买。

今天亲耳听到董文标对民生杭州和温州分行行长说："老板不跑路的小微企业客户，你们不许提前收贷。他们遇到困难需要资金，你们就追加贷款，帮助他们度过困难时期。就是要雪中送炭。等全国经济形势好转后，他们会感激民生，成为终身客户。"经济下行，民生的不良率轻微上升，主要是杭州和温州地区导致。

美国实施利率市场化后，银行业利差扩大，由此推理中国也会这样，是缺乏根据的，是不科学的；唱空人士所说，中国银行业利润将负成长甚至全行业亏损，同样也是缺乏依据，是不科学的。

国际投行联手做空流程：1.物色板块和股票；2.巨量融券（借股）；3.悄悄

卖掉一半股票；4.发布行业和该股的看空报告，制造谣言；5.制造利空事件，比如超低价大宗交易等；6.手里剩余股票突然砸向市场，使股票暴跌，制造恐怖气氛，逼散户割肉；7.暴跌后，大肆买入割肉股票；8.归还所借股票。这次做空民生H和A不太成功。

国际投行做空中国银行业和中国经济，靠做空牟利。银行不良贷款是五级分类计算的，不良贷款和坏账是两个概念。纵观过去10年，横观各上市银行，不良贷款最终形成坏账比例为10%，90%能收回。经济下行，不良贷款轻微上升，很正常啊。跌吧！跌吧！反正我们长期持有，靠分红维持生计。

其实吧，证监会只要说两句话，大盘立马止跌，甚至涨停。这两句话是："暂停发新股，暂停做空股指。"暂停发新股，但权力不在证监会，证监会背黑锅而已；暂停做空，美欧在股市低迷时都宣布过。

增加银行资本金，减少募资，还有一方法：各银行拥有大量黄金地段房产，数量大得吓人，都是按当年建造或购买的成本做账的，往往按10年、20年、30年前的成本入账，入账金额低得变态；如果按国际惯例重新评估，以公允价值入账，银行资本金就会大幅增加，三年不用向股民伸手要钱。

报纸电视上，分析师口径一致地造谣：银行贷款放不出去了。瞎掰！除了垄断企业，现在企业普遍资金匮乏，想贷款但贷不到款。两次降息后，银行贷款利率并没有明显下降（但对大型国企的贷款利率的确同步下降了），现在及未来5年，贷款仍将是十分紧俏商品。

在中国，只要银行稳健，就不会出现大金融危机；一旦银行出事，必将导致国民经济大崩溃。

我会继续长期坚守民生银行。1.民生是全国唯一分行无贷款权的银行，风控超强，坏账率真的很低；2.民生三年前就做好迎接利率市场化准备，中间业务收入比重逐年大幅提升，产业链打造已成规模；3.正在二次腾飞，去年效益赶超了兴业和浦发，祝愿今年会赶超中信，明年下半年赶上招商，成为股份商业银行老大。

股市，价值投资为主流才健康，投机为主就变赌场了。我国散户投机者过多，国家主管部门学习发达国家，大力发展基金，试图增加价值投资比重。但基金业绩年度排名，这座大山压在基金头上，逼良为娼，基金们不得不投机，甚至操纵小盘股做波段，沦为大散户。建议：引导基金回归价值投资，取消年度基金排名。

金融业最有前途的是保险，目前中国人均保费支出仅为发达国家的零头。个人保费支出，如果能学习美国，当期免交个税，保险业还会爆炸性成长。中国保险业最值得尊敬的是平安和阳光，平安创新能力极强，即将成为中国第一大保险集团；阳光保险活力十足，五年来增长速度保持行业第一，排名已超越百家名列第七。

2009年金融危机，国外分析师均认为中国GDP将负成长，危机期很长。我公司也被吓坏，对政府解决经济危机产生怀疑，作出了抱着现金过冬的错误决策。低价出掉持股七八年的大量金融股，虽获利超过健康和网游业务累计利润总和，但与数月后股价相比减少几十亿。怀疑党的宏观经济把控能力，是要付沉重代价的！

资本市场对商业银行的地方政府融资平台悲观过度。我接触过几个商业银行决策者，他们均认为发达地区的政府平台是他们最最优质客户，有土地打折抵押，有还款来源，有信誉保证。除四大国有银行，商业银行的网点尚未开到经济欠发达地区，客观上回避了风险。

政治民生

要想降低房价，就该增加房屋供应量，减少购买需求量。1.减少购买，只能减少投资投机需求，只要出台倒卖房子的利润80%用于缴税，就搞定了；2.增加房屋供应量，就该给房地产公司松绑，鼓励他们多盖房盖好房，把他们头上的百个紧箍咒拿掉。如果把他们都逼死，房屋供应量必将减少，结果房价还得涨。

政府对企业的最大支持就是少去骚扰企业，而不是给企业多少贷款和土地优惠。政府是扶持不出好企业的，只要创造出好的投资环境，让企业自我优胜劣汰。除了正常检查，如果各个职能部门轮番骚扰企业，企业会很累很不稳定。朋友们都说广东政府这方面做得很好。

温州民间借贷，按法规是非法的，打击了30年，越打越火，越打借贷利息越高。究其根源，其高效率和低门槛能满足社会需求，银行无法替代。与其“堵”不如改“疏”，让其合法化，制订管理条例，在阳光下运管，这样社会成本也许会减小，借贷利息也许会下降。

别低估政府监管。产品成分审批极严，脑白金产品每年被各省市检验部门检查300多次，每条保健品广告都需要政府审批，不许出现消费者、专家、医生、外国人……于是诞生了脑白金卡通广告。12年前的10大保健品企业有8个被过度监管出局。我曾以小股东身份建议公司转行到大众消费品，哪怕卖白酒，但被否决。

“十二五”规划要重点提高人民收入，很好很好！我建议：1.个人调节税大幅减少，让老板心里感觉每加一块钱工资，都会进员工腰包，不是大量进入税务和社保，何况个调税占国家总税额不高；2.给农民的土地和房子发放土地证和房产证，允许买卖和抵押，农民立马变富。

土地问题很复杂。我的意思是让农民的潜资产变明资产，农民和银行会把它当成财富看待。至于带来的系列问题，领导层是有办法解决的。比如：1.土地证是种植土地证；2.土地、房子交易税较高，全部进入农村社保基金，农村社保发达，保障房充足，社会就稳定。